Irland

Von Herbert Becker

Inhalt

Auftakt:
Irland – die Insel, die der Seele gut tut   6

Geschichte, Kunst, Kultur im Überblick   12

Sehenswürdigkeiten

Die Hauptstadt der Republik – vom Wikingerhafen zur Boomtown   18

- **1 Dublin 18**
  Rund um die Grafton Street 21
  Westlich des Zentrums 30
  Nördlich der Liffey 36

Die Umgebung Dublins – vor der Haustür der Hauptstadt   43

- **2 Hill of Tara 43**
- **3 Slane 45**
- **4 Newgrange, Knowth und Dowth 46**
- **5 Mellifont Abbey 48**
- **6 Monasterboice 49**
- **7 Malahide Castle 52**

Berühmt und stets voller Leben – O'Connell Bridge in Dublin

Inhalt

Irish Folk – Tradition mit Herz

- 8 **Dun Laoghaire 54**
- 9 **Glendalough 54**

In den Südwesten – Ferienstrände und romantische Höhenzüge   59

- 10 **Wexford 59**
- 11 **Waterford 60**
- 12 **Browneshill Dolmen 61**
- 13 **Kilkenny 61**
- 14 **Jerpoint Abbey 65**
- 15 **Rock of Cashel 66**
- 16 **Cahir 69**
  Glen of Aherlow 70
- 17 **Cork 71**
- 18 **Gougane Barra 73**

Die Westküste – wo Europa endet   75

- 19 **Garinish Island 75**
- 20 **Killarney und Killarney National Park 77**
  Ross Castle – Innisfallen – Muckross Abbey – Muckross House – Torc Waterfall – Ladie's View – Gap of Dunloe
- 21 **Ring of Kerry 79**
  Killorglin – Cahirciveen – Valencia Island – Skellig Michael – Caherdaniel – Staigue Fort – Kenmare
- 22 **Dingle 82**
  Inch Beach – Dingle Town – Ballyferriter – Gallarus Oratorium – Tralee
- 23 **Limerick 84**
- 24 **Bunratty Castle 87**
- 25 **Cliffs of Moher 88**
- 26 **Burren 89**
  Kilfenora – Lisdoonvarna – Leamaneh Castle – Caherconnell – Poulnabrone-Dolmen – Aillwee Cave – Ballyvaughan – Kinvarra
- 27 **Galway 93**
- 28 **Aran Islands 96**
  Inishmore – Inishmaan – Inisheer
- 29 **Clonmacnoise 98**
- 30 **Connemara 100**
  Barna – Furbo – Spiddle – Gortmore – Roundstone – Errislannan – Clifden
- 31 **Kylemore Abbey 102**
- 32 **Westport 103**
- 33 **Achill Island 104**

Abseits der Städte – grünes Irland

Inhalt

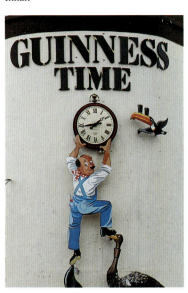

Zeitlos – das irische Nationalgetränk

**Der Nordwesten –
Wind, Torf und Lachse**   **106**

- 34 **Céide Fields 106**
- 35 **Downpatrick Head 107**
- 36 **Killala 107**
- 37 **Ballina 109**

- 8 **Carrowmore 110**
- 39 **Sligo 110**
- 40 **Creevykeel 111**
- 41 **Donegal 112**
- 42 **Glencolumbkille 113**

**Nordirland – Burgruinen,
Basaltgestein und Belfast**   **114**

- 43 **Londonderry (Derry) 114**
- 44 **Dunluce Castle 117**
- 45 **Giant's Causeway 118**
- 46 **Antrim Coast Road 118**
  Ballycastle – Glenariff Forest Park
  – Glenarm – Larne
- 47 **Belfast 120**

Karten und Pläne

Irland – Süden
  vordere Umschlagklappe
Irland – Norden
  hintere Umschlagklappe
Dublin 20/21
Cork 71
Belfast 122

Register 139

Bildnachweis 141

Impressum 144

Einladung zur Strandwanderung auf der Halbinsel Dingle

Inhalt

Dies und Das

Mythische Stimmungen und heilige Tradition

Kunstvolle Seiten 22
Ein Pint mit Weile 29
James Joyce 34
Der heilige Patrick 45
Astrologie der Steinzeit 48
Hochkreuze 50
Lawrence O'Toole 57
Klöster und Rundtürme 69
Monumente 92
Connemara zu Fuß 102
Der Nordirland-Konflikt 116
Pubs – Wohnstuben der Iren 128

Irland aktuell A bis Z

Kuriose Details und zärtliche Leidenschaften

Vor Reiseantritt 125
Allgemeine Informationen 125
Anreise 126
Bank, Post, Telefon 127
Einkaufen 127
Essen und Trinken 127
Feste und Feiern 128
Klima und Reisezeit 129
Kultur live 129
Sport 130
Statistik 131
Unterkunft 131
Verkehrsmittel im Land 133

Sprachführer 135

Irland – die Insel, die der Seele gut tut

Es muss einen Grund haben, dass sich nahezu alle, die die ›Grüne Insel‹ einmal bereist haben, fortan als Irland-Liebhaber bezeichnen. Vermutlich liegt es daran, dass ihre Erwartungen nicht nur erfüllt, sondern übertroffen werden. Denn Irland ist bei weitem vielseitiger, als es – vom Kontinent aus betrachtet – scheint: Die historischen Denkmäler aus vorgeschichtlicher Zeit sowie aus der christlichen Epoche machen es zu einer ungeahnt reichen **Kulturlandschaft**. Die Küsten und Berge, Seen und Flüsse, Weiden und Moore sind von jenem Reiz, der die Seele ebenso anspricht wie das Auge; die Freundlichkeit der Bevölkerung ist sprichwörtlich, die Gemütlichkeit der Pubs legendär.

Landschaften voller Kontraste

Die Oberflächenform der Insel wird gelegentlich mit der einer Schüssel verglichen: Berge, die zum Meer hin steil abfallen, umschließen eine Ebene im Landesinneren. Dieses zentrale Tiefland ist der landwirtschaftlich am stärksten genutzte Teil Irlands. Es wird vom *Shannon*, dem längsten irischen Fluss, durchschnitten. Dank seines geringen Gefälles bildet er zahlreiche Seen und Seitenarme – ein **Paradies** für Freizeitkapitäne. Aber auch abseits des Shannon hat die von Steinmauern und Hecken durchzogene *grüne Ebene* der Central Lowlands unbedingt ihren Reiz. Mehr Abwechslung bieten die *zerklüfteten Küsten* der Counties Kerry oder Galway und die *wilden Gebirgslandschaften* der Wicklow, Galtee oder Antrim Mountains. In den Grafschaften Mayo und Donegal beherrschen ausgedehnte *Torf- und Heideflächen* die Stimmung; die Palette der Farben, die von üppigem Grün bis zu erdigem Braun reicht, ist von wundervoller **Harmonie**. Lebhafter geht es an den kilometerlangen *Sandstränden* des Südostens zu, der sonnigsten Gegend der Insel. Wiederum ganz andere Eindrücke hinterlassen die *subtropische Vegetation* des so genannten tiefen Südens und die *geologischen Wunder* des Nordens.

Unten links: *In der lieblichen Landschaft des Glen of Aherlow in den Galtee Mountains zur Zeit der Rhododendronblüte*

Oben: *Killybegs ist einer der wichtigsten Fischereihäfen der Republik Irland*

Unten: *Hochkreuze im stimmungsvollen Klosterbezirk von Clonmacnoise*

Irland ist ein Land der Kontraste. Jeder, der von dort zurückkommt, hat ›sein Irland‹ gefunden: das Irland der klaren Farben, der einzigartigen Wolkenstimmungen, des Torffeuerdufts oder das Angelparadies Irland. Vielleicht auch das Irland der Dubliner Pubs. In jedem Fall aber ist dieses Irland echt.

Auftakt

Der Paddy – ein lieb gewonnenes Klischee

›Der Ire‹ ist rothaarig, trinkfest und heißt Paddy. Soweit das Klischee. Bleibt anzumerken, dass es auch blonde Iren namens Paul gibt, die Tee bevorzugen. ›Der Ire‹ ist, nicht anders als ›der Bayer‹, ein Produkt jahrtausendelanger Begegnung und Vermischung verschiedener Kulturen und Rassen.

Nur wenig ist über die frühen Menschen bekannt, die in mehreren Einwanderungswellen auf die Insel kamen. Ihre Nachkommen gingen im keltischen Volk der *Gälen* auf, das in den letzten vorchristlichen Jahrhunderten einwanderte. Die **Kelten** brachten nicht nur das Eisen mit, sondern auch eine neue Religion. Ihre Priester, die Druiden, scheinen große geistliche und weltliche Macht besessen zu haben. Es bleibt ein Rätsel, warum das *Christentum* in der von ihnen bestimmten Gesellschaft so schnell Fuß fassen konnte. Die Iren nahmen die christliche Lehre offenbar geradezu begierig auf, und viele der Neugetauften gingen ihrerseits mit großem Enthusiasmus ›um Christi willen in die Fremde‹, um zu missionieren. Gut 1000 Jahre nach den Kelten kamen die **Wikinger**. Sie werden gewöhnlich als die großen Zerstörer betrachtet, denn ihren Raubzügen fielen zahlreiche Klöster und Siedlungen zum Opfer. Doch sie gründeten auch Städte, belebten den Handel, brachten wiederum neue Ideen mit, neue Techniken und Kunststile – und verschmolzen schließlich mit der eingesessenen Bevölkerung. Im 12. Jh. gewan-

Unten links: *Der irische Landwirt schaut besorgt in die Zukunft*
Oben: *Muiredach's Cross – eines der bedeutendsten irischen Hochkreuze*
Oben rechts: *Die ›Tinkers‹, das fahrende Volk Irlands*
Unten rechts: *Auf der Halbinsel Dingle*

nen die *Normannen* die Herrschaft über den größten Teil Irlands, doch schon bald begannen auch sie, Sprache und Lebensgewohnheiten der Iren anzunehmen.

Aber ›der Ire‹ ist nicht nur ein Produkt jahrtausendelanger Völkervermischung, auch die schweren Prüfungen, die seine Geschichte ihm abverlangte, haben den Nationalcharakter geprägt. *England* holte aus der Kolonie vor seiner Haustür heraus, was herauszuholen war. Noch während der Jahre der bittersten Hungersnot, als eine Kartoffelkrankheit die Not leidende Bevölkerung ihrer Ernährungsgrundlage beraubte, gingen die Lebensmittelausfuhren unvermindert weiter. Millionen von Iren wanderten aus, flohen vor Unterdrückung und Hunger. Das Land verlor einen großen Teil seiner Einwohner, Dörfer und Städte verfielen.

Traditionen und Moderne

In einer Zeit, zu der in anderen Ländern eine rasante industrielle Entwicklung

stattfand, verharrte Irland in ländlicher Armut. Mit den politischen, wirtschaftlichen und gesellschaftlichen Umwälzungen in den vorwärts strebenden Nationen wurden viele alte Traditionen über Bord geworfen – in Irland bewahrte man sie. Irische Sprache und irisches Brauchtum, Mythen, Musik und Erzählkunst überdauerten – nicht selten im Untergrund. Gerade weil die Menschen unterdrückt waren und Not litten, war es für sie wichtig, ihre Kultur – und damit ihre *Identität* – nicht zu verlieren. Erst in den letzten Jahrzehnten setzte auch in Irland ein **rapider Wandel** ein. Paddy ist von seiner reetgedeckten Hütte in ein Haus mit Zentralheizung umgezogen und hat den Esel gegen ein Auto eingetauscht. Er tut nicht mehr alles, was der Pfarrer, dessen Wort vor zwei Generationen noch Gesetz war, predigt. Sogar die Geburtenrate, die dank der Lehren der katholischen Kirche lange Zeit äußerst hoch war, gleicht sich allmählich derjenigen mitteleuropäischer

Oben links: *Quin Abbey, eine der zahlreichen Klosterruinen Irlands*

Unten links: *Männersache – ein Schwatz unter Fischern im Hafen von Cobh*

Oben rechts: *Zuschauer beim Pferderennen – ein bei allen Volksschichten beliebtes Spektakel*

Unten rechts: *Torfstich ist noch immer ein bedeutender Wirtschaftszweig*

Länder an. Aber noch hat Irland eine sehr junge Bevölkerung – und gerade die Jugend will längst nicht mehr auf die **Errungenschaften der Moderne** verzichten, sie ist vom Leuchten der großstädtischen Neonlichter stärker angezogen als vom Glimmen des Torffeuers.

Insbesondere der wirtschaftliche Aufschwung in den 90er-Jahren des 20. Jh. hat der Insel ein neues Gesicht gegeben. Während die Iren früher ihre Heimat auf der Suche nach Arbeit verließen, kehren sie nun zurück. Stark ausgebaut wurde u. a. der Tourismussektor. Der hohe Hotelstandard und ein vielgestaltiges Freizeitangebot machen Irland heute zu einem idealen **Ferien- und Reiseland**. Dem Besucher steht von der familiären *Bed & Breakfast-Pension* bis zum luxuriösen *Schlosshotel* ein breites Spektrum an Unterkünften zur Verfügung. Das Aktivsportangebot ist gewaltig: Ob Reiten oder Segeln, Golfspielen oder Angeln, Bergsteigen oder Wandern – Irland bietet mannigfaltige Möglichkeiten. Zudem besinnen sich die Iren auf Traditionen, die vom Aussterben bedroht schienen: Wie anno dazumal erklingt die irische Harfe, und der irische Tanz hat Hochkonjunktur auf den Bühnen der Welt. Der gelegentlich kommerzielle Charakter der Veranstaltungen verhindert eines nicht: Die Iren haben ebenso viel Spaß daran wie ihre Gäste. Irland hat nichts von seinem Charme eingebüßt.

Der Reiseführer

In diesem Band wird Irland in *sechs Kapiteln* vorgestellt. Auf besondere Höhepunkte bei Hotels, Restaurants und Pubs, Landschaften, Monumenten, Klosterbezirken etc. verweisen die **Top Tipps**. Den Besichtigungspunkten sind jeweils **Praktische Hinweise** mit Tourismusbüros, Hotel- und Restaurantadressen sowie vor Ort hilfreiche Informationen angegliedert. Die Orientierung erleichtern **Übersichtskarten, Stadtpläne** und **Grundrisse**. Schließlich informiert **Irland aktuell A bis Z** über Anreise, Essen und Trinken, Feste und Feiern sowie Sportmöglichkeiten, Unterkunft und Verkehrsmittel etc. Hinzu kommt ein umfassender **Sprachführer**. **Kurzessays** zu verschiedenen Themen runden den Reiseführer ab.

Geschichte, Kunst, Kultur im Überblick

ab 7000 v. Chr. Erste Besiedlung Irlands durch ein Jäger-, Fischer- und Sammlervolk unbekannter Herkunft.

ca. 4000–3000 v. Chr. Aus dem Westen Kontinentaleuropas wandert ein Volk ein, dessen bedeutendste Hinterlassenschaft jungsteinzeitliche Megalithgräber sind, deren Anlage auch astrologische Kenntnisse verrät.

Wie die Erbauer des Browneshill-Dolmen dessen Deckstein bewegten, ist ein Rätsel

ca. 2500–2000 v. Chr. Neue Einwanderer bringen die Kunst der Metallverarbeitung nach Irland. Zu den wichtigsten Produkten der bronzezeitlichen Goldschmiede zählen die *Lunulae*, mondsichelförmige Schmuck- oder Kultgegenstände.

um 500 v. Chr. Einwanderung der Gälen, eines keltischen Volkes, das bereits die Technik der Eisenverhüttung kennt. Sie errichten ringförmige Erd- und Steinwälle und Befestigungen auf künstlichen Inseln (Crannógs).

um 300 v. Chr. Während der Eisenzeit ist Irland in ca. 150 selbstständige Kleinkönigreiche aufgespalten, die Kriege gegeneinander führen.

432 n. Chr. Der hl. Patrick nimmt seine Mission auf; das Christentum breitet sich aus.

6. Jh.–8. Jh. Zahlreiche Klostergründungen; irische Mönche verbreiten das Christentum auf dem Kontinent. Für die irischen Klöster bricht eine Blütezeit an, sie werden zu Zentren der Kunst und der Lehre (Schriftsprache: Latein); die Mönche kopieren und illuminieren Bücher und stellen Hochkreuze her.

9. Jh.–12. Jh. Erste Wikingereinfälle; die Dänen plündern Klöster und Siedlungen, gründen aber gleichzeitig handelsstarke Städte. – Unter dem Hochkönig Brian Ború schlagen die Iren 1014 die Skandinavier in der Schlacht von Clontarf. Die militärisch entmachteten Wikinger vermischen sich mit der ansässigen Bevölkerung.

1152 Eine Synode beschließt die territoriale Neuorganisation der Kirche und ihre engere Anbindung an Rom. Das alte Klostersystem wird abgeschafft.

1169 Es herrschen weiterhin Kämpfe um das Hochkönigtum. Der gestürzte König von Leinster, Dermot MacMurrough, sucht in England nach Verbündeten. Der Normanne Richard FitzGilbert de Clare, Earl of Pembroke und Herr von Strigoil, genannt Strongbow, kommt ihm mit Truppen zu Hilfe. MacMurrough kann auf den Thron zurückkehren, seine Tochter wird Strongbows Frau. – Ein Jahr später nimmt das waffentechnisch überlegene normannische Invasionsheer Dublin ein; vor allem entlang der Küste legen die Eroberer Festungen an.

1172 Der Großteil der irischen Stammesfürsten unterwirft sich dem anglo-normannischen König Heinrich II. und schwört ihm den Treueeid. In den folgenden Jahrzehnten gründen die Normannen Städte und bauen Kathedralen.

um 1250 Die englische Krone beherrscht etwa zwei Drittel Irlands.

1315 Mit dem Ziel ein keltisches Reich zu schaffen, marschiert der Schotte Edward Bruce in Irland ein. Der Feldzug endet mit seinem Tod 1318.

1366 Mit den *Statuten von Kilkenny*, versucht England, das Verschmelzen der anglo-irischen Oberschicht mit der irischen Gesellschaft zu verhindern.

um 1400 Die Macht Englands schwindet und beschränkt sich auf *The Pale* – einen relativ kleinen Bereich um Dublin.

1541 Heinrich VIII. festigt die englische Herrschaft in Irland. Er nennt sich ›König von Irland‹ und nach seiner Los-

Geschichte, Kunst, Kultur im Überblick

lösung von der römischen Kirche zugleich Oberhaupt der protestantischen *Church of Ireland*. Die Katholiken werden unterdrückt, 400 Klöster zerstört.

1558 Königin Elisabeth I. besteigt den Thron. Sie weitet die englische Präsenz in Irland aus; Aufstände flackern auf.

1598 Die Stammesfürsten Red Hugh O'Donnell und Hugh O'Neill aus Ulster schlagen die englische Streitmacht bei Yellow Ford; doch Elisabeth entsendet weitere 20 000 Soldaten nach Irland, so dass der Aufstand der Fürsten 1601–03 entgültig niedergeschlagen werden kann.

1607 Die O'Neills, die O'Donnells sowie weitere Angehörige des irischen Adels verlassen Irland. Nach der ›Flucht der Grafen‹ beschlagnahmt die englische Regierung deren Land und verteilt es an Protestanten aus England und Schottland: Die *Ulster Plantations* entstehen.

1641 Erneute Aufstände; viele Protestanten der *Plantations* werden getötet.

1649 Oliver Cromwell führt einen grausamen Rachefeldzug. Die irische Bevölkerung wird um fast die Hälfte dezimiert, ihr Land an die Soldaten verteilt.

1685 Der katholische König Jakob II. besteigt den englischen Thron, wird aber nach drei Jahren wieder abgesetzt. 1690 versucht Jakob, mit Hilfe der irischen Katholiken erneut an die Macht zu kommen. Er und sein protestantischer Widersacher Wilhelm III. von Oranien treffen sich am 12. Juli auf dem Schlachtfeld an der Boyne. Jakob unterliegt; die irischen Hoffnungen auf Freiheit sind zerstört.

1695–1727 Die *Penal Laws* (Strafgesetze) verbieten den Katholiken Land zu erwerben, öffentliche Ämter zu bekleiden, Schulen zu besuchen, zu wählen, ihre Religion auszuüben. Die Landbevölkerung leidet bittere Not, einzelne Widerstandsgruppen formieren sich, eine Auswanderungswelle setzt ein.

1782 Irland erhält sein eigenes, nur aus Protestanten bestehendes Parlament. Der Parlamentssprecher Henry Grattan wendet sich gegen die englische Bevormundung. Er erreicht eine weitgehende Aufhebung der Strafgesetze.

1791 Der protestantische Anwalt Theobald Wolfe Tone gründet die *United Irishmen*. Die Organisation fordert die Schaffung einer irischen Republik.

Oliver Cromwells Irland-Feldzug brachte unendliches Leid über die Insel

1794–98 Wolfe Tones Gruppierung wird verboten und geht in den Untergrund. Trotz französischer Hilfe scheitern zwei Rebellionsversuche. Wolfe Tone begeht im Gefängnis Selbstmord.

1800 Auflösung des irischen Parlaments. Irland wird in das Vereinigte Königreich eingegliedert. Das öffentliche politische Leben kommt zum Erliegen, die Oberschicht wandert ab.

1829 Der Anwalt Daniel O'Connell zieht als erster gewählter Katholik in das Unterhaus ein. Er erkämpft mit friedlichen Mitteln u.a. die Aufhebung der Strafgesetze und damit die – theoretische – Gleichstellung der Katholiken.

1845–49 Durch Pilzbefall werden mehrere Kartoffelernten vernichtet. Die Bevölkerung, die zu zwei Dritteln von der Landwirtschaft abhängig ist, sieht dem Hungertod ins Auge. Über 1 Mio. Menschen verlassen Irland.

1858 Die *Irish Republican Brotherhood* (IRB) ist die erste Organisation, die Irland als eine vom Feind besetzte Republik betrachtet; sie strebt den Umsturz mit militärischen Mitteln an. 1867 scheitert ein Aufstand an der mangelnden Unterstützung durch die Bevölkerung.

1870 Die *Home Rule League*, die die irische Selbstverwaltung im Rahmen eines föderalistischen Vereinigten Königreichs anstrebt, wird gegründet. Ihr Vertreter Charles Stewart Parnell wird 1875 ins Parlament gewählt; seine Bemühungen um die *Home Rule* scheitern jedoch an der Ablehnung der Gesetzesentwürfe durch das Oberhaus.

Geschichte, Kunst, Kultur im Überblick

Daniel O'Connell
(1775–1847)

James Connolly
(1868–1916)

Eamon de Valera
(1882–1975)

1879 Die *Land League* verfolgt das Ziel, das Land der in England lebenden Grundbesitzer zu enteignen und es an diejenigen zu vergeben, die es für überteuerte Zinsen bewirtschaften.

1892 Auf Initiative von Douglas Hyde entsteht die *Gaelic League*, die es sich zur Aufgabe macht, die gälische Sprache und irische Kultur neu zu beleben.

1896 James Connolly organisiert die Arbeiter in der *Irish Socialist Republican Party*.

1905 Arthur Griffin gründet die *Sinn Féin* (›Wir selbst‹), eine Interessensvertretung des katholischen Bürgertums.

1913 Die Unionisten – Befürworter des Zusammenbleibens mit England – fassen bestehende paramilitärische Gruppierungen zur *Ulster Volunteer Force* (UVF) zusammen. Als Reaktion darauf bilden die Nationalisten von der IRB, der Gaelic League und der Sinn Féin die *Irish Volunteers*.

1914 Der drohende Bürgerkrieg wird durch den Ausbruch des Zweiten Weltkriegs verhindert.

1916 Am Ostersonntag besetzen ca. 1200 Mann, angeführt von dem Nationalisten Padraig Pearse und dem Sozialisten James Connolly, das Hauptpostamt in Dublin. Pearse verliest die Unabhängigkeitserklärung und ruft die Republik aus. Die Revolution wird bereits nach einer Woche niedergeschlagen. Die britische Regierung nimmt das Postamt ein und verhaftet die Rebellen. 15 ihrer Führer, darunter Pearse und Connolly, werden hingerichtet. Die Sinn Féin Partei erhält daraufhin starken Zulauf.

1918 Sieg der Sinn Féin bei den Unterhauswahlen. Die Abgeordneten nehmen ihre gewonnenen Sitze jedoch nicht ein, sondern bilden statt dessen den *Dáil Éireann*, das irische Parlament.

1919 Der Dáil, der den Anspruch einer legitimen Regierung erhebt, tritt zum ersten Mal zusammen. Unter dem Präsidenten Eamon de Valera wiederholt er die Unabhängigkeitserklärung und verabschiedet eine Verfassung. Die Irish Volunteers nennen sich nun *Irish Republican Army* (IRA) und nehmen den Unabhängigkeitskampf gegen die britischen Truppen auf.

1921 Am 6. Dezember wird der anglo-irische Vertrag geschlossen, der die 26 Grafschaften im Süden der Insel zum Freistaat innerhalb des britischen Commonwealth erklärt. In Belfast tritt auf englischen Beschluss ein nordirisches Parlament zusammen. Die Grenze zwischen den beiden Landesteilen wird errichtet. Die IRA versucht, den Unabhängigkeitskrieg im Norden fortzusetzen.

1922–23 Mit der Ratifizierung des anglo-irischen Vertrags tritt de Valera vom Präsidentenamt zurück. Zwischen den Befürwortern des Freistaates – also auch des Vertrages – und den Republikanern entbrennt ein brutal geführter Bürgerkrieg. – Als sich herausstellt, dass der Vertrag von der Bevölkerungsmehrheit befürwortet wird, beendet die IRA im Mai 1923 den Krieg.

1925 Die IRA wird als illegal erklärt; sie ist nicht mehr operationsfähig.

1926 De Valera gründet die Partei *Fianna Fáil* (›Soldaten des Schicksals‹) die die Teilung Irlands ablehnt.

1932 Die Fianna Fáil kommt an die Macht, de Valera regiert 16 Jahre lang.

1949 Irland kappt seine verfassungsrechtlichen Bindungen an Großbritan-

Geschichte, Kunst, Kultur im Überblick

nien. Der Dominion-Status wird beendet, die Republik Eire ausgerufen.

1955 Die Republik Irland wird Mitglied der Vereinten Nationen.

1967 In Nordirland formiert sich die Opposition in der *Northern Ireland Civil Rights Association* und fordert ein Ende der Benachteiligung der Katholiken. Ein Jahr später demonstrieren die Bürgerrechtler erstmals öffentlich. Bei einem Protestmarsch greift die Polizei unangemessen hart durch. Weitere Bürgerrechtsgruppen entstehen.

Zeigten Einsatz im Friedensprozess: Sinn Fein-Präsident Gerry Adams, US-Präsident Bill Clinton und der irische Premier Bertie Ahern (von links nach rechts).

1969 Unter dem Druck der internationalen Öffentlichkeit leitet die nordirische Regierung Reformen ein; es kommt zu radikalen Protesten und Bombenanschlägen von protestantischer Seite. Premierminister O'Neill tritt zurück. Loyalistische Trupps überfallen katholische Viertel in Londonderry, deren Bewohner gehen zur Gegenwehr über, Straßenschlachten sind die Folge. Die englische Regierung schickt 6000 Soldaten.

1970 Neubelebung der IRA; sie versucht mit militärischen Mitteln, Nordirland unregierbar zu machen. Die britische Armee reagiert mit Hausdurchsuchungen und willkürlichen Festnahmen. Ein 19-Jähriger wird erschossen. – Als protestantische Gegenbewegung zur IRA formiert sich die UVF *(Ulster Volunteer Force)*.

1971 Im Februar wird der erste englische Soldat durch die IRA getötet. London verstärkt seine militärische Präsenz. Die IRA vermehrt ihre Bombenanschläge. Premierminister Falkner führt die ›Internierung ohne Gerichtsverfahren‹ ein.

1972 Am 30. Januar erschießen britische Fallschirmjäger in Londonderry 13 Teilnehmer einer friedlichen Demonstration. Noch in derselben Nacht geht die britische Botschaft in Dublin in Flammen auf. Im März löst der britische Premierminister Heath das nordirische Parlament auf, die sechs Counties werden wieder von London aus regiert. Die IRA intensiviert ihre Bombenkampagne abermals. Inzwischen sind 21 000 britische Soldaten in Nordirland stationiert.

1973 Beitritt der Republik Irland zur Europäischen Wirtschaftsgemeinschaft.

1994 Nach jahrelangen Geheimgesprächen zwischen dem Sinn Féin-Vorsitzenden Gerry Adams sowie irischen und britischen Regierungsvertretern erklären die IRA, später auch die protestantischen Milizen, eine Waffenruhe. Die britischen Truppen ziehen aus Nordirland ab.

1996 Auf Vorschlag des britischen Premiers John Major, Wahlen in Nordirland vor Beginn von Allparteiengesprächen anzusetzen, reagiert die IRA mit neuen Anschlägen.

1998 Am Karfreitag (10.4.) einigen sich die Verhandlungspartner auf ein Friedensabkommen. Es soll eine autonome Regionalregierung aus Katholiken und Protestanten geschaffen werden. Vorsitzender soll der Protestant David Trimble werden, der im Oktober gemeinsam mit dem gemässigten Katholiken John Hume den Friedensnobelpreis erhält.

1999 Die Regierung der Republik Irland streicht jene Passagen aus der Verfassung, die einen Anspruch auf das Gebiet Nordirlands erheben. Im Dezember nimmt die Assembly, die nordirische Regionalregierung, mit ihren je fünf katholischen und protestantischen Ministern die Arbeit auf.

2000 Im Februar wird die Assembly vom britischen Unterhaus wieder aufgehoben, weil sich die IRA weigert, ihre Waffen abzugeben. Die Direktherrschaft über Nordirland geht ein weiteres Mal an die britische Regierung über. Im Mai nimmt die Assembly die Arbeit wieder auf.

2001 Mit dem Rücktritt des Assemblyvorsitzenden David Trimble am 1. Juli droht der Friedensprozess an der Frage, ob die IRA bereit ist, ihr Versprechen einer vollständigen Entwaffnung einzulösen, zu scheitern.

Sehenswürdigkeiten

Die Hauptstadt der Republik – vom Wikingerhafen zur Boomtown

»Our city is on the go!«, sagen die Dubliner stolz, was so viel heißt wie »In unserer Stadt rührt sich was!«. Tatsächlich hat sich keine andere europäische Hauptstadt im letzten Jahrzehnt so stark verjüngt und erneuert wie Dublin, und keine hat so viel an Selbstbewusstsein gewonnen. Gestern noch als provinziell verhöhnt, braucht sie heute den Vergleich mit London oder Paris nicht mehr zu scheuen. Sie ist zu einem bedeutenden **Wirtschaftszentrum** geworden und hat sich zur Metropole der innovativen Kunst entwickelt. Sie hat sich den Ruf einer »InCity« erworben und gleichzeitig ihren ganz eigenen Charme bewahrt, der ganz gewiss keinem Besucher verborgen bleibt. Die Innenstadt hat eine überschaubare Größe – man lernt sie am besten zu Fuß kennen. Geschichtlich bedeutsame Bauwerke und moderne Einkaufspassagen, Museen und Restaurants liegen nahe beisammen –, und überall gibt es **Pubs**, deren liebevolle Einrichtung darauf hinweist, welch bedeutende Rolle sie noch immer im sozialen Leben spielen. Hinzu gekommen sind zahlreiche Bistros und Internet-Cafés.

1 Dublin   *Plan S. 20/21*

Dublin ist nicht nur die Hauptstadt der irischen Republik, sondern auch deren kulturelles und wirtschaftliches Zentrum.

Als Ausgangspunkt für Spaziergänge durch Dublin (1 Mio. Einw.) bietet sich die **O'Connell Bridge** ❶ [s. S. 20, 30, 36] an. Sie überquert den Fluss *Liffey*, der die Stadt in West-Ost-Richtung durchfließt und sie damit in zwei Hälften teilt: den Süden mit der Mehrzahl der Sehenswürdigkeiten, den Regierungsgebäuden, dem Universitätsviertel und den gehobeneren Wohngegenden – und den Norden mit Theatern, Märkten sowie den neu entstandenen Geschäfts- und Kulturzentren. Von der Brücke aus hat man einen guten Blick in die *O'Connell Street*, die wichtigste Geschäfts- und Verkehrsmeile nördlich des Flusses.

Die Brücke markiert auch einen Ort, in dessen Nähe sich fast alle jene Ereignisse zutrugen, die Stadt- oder sogar nationale

Die O'Connell Bridge ist schon seit über 200 Jahren Verkehrsknotenpunkt im Herzen Dublins

Vorhergehende Doppelseite: *Sandstrand und Steilküste an der White Park Bay*

Geschichte gemacht haben: In weniger als 1 km Umkreis erfolgte die Stadtgründung, hatte die englische Verwaltung ihren Sitz, wurde die Unabhängigkeit ausgerufen, tagte das erste irische Parlament. Auch zu soziologischen Betrachtungen – einfacher gesagt: zum Beobachten von Menschen – bietet die O'Connell Bridge die besten Möglichkeiten. Hier kommt über kurz oder lang alles vorbei, was die Bevölkerung der Stadt ausmacht: Viel Jugend, ein wenig Schickeria und gelegentlich jene *Dublin characters* – urwüchsige Typen, wie sie nicht jede Stadt hervorbringt.

Baile Átha Cliath – die ›Stadt an der Hürdenfurt‹, so der immer noch gebräuchliche gälische Name Dublins – ist früher oft mit einem warmen, etwas abgetragenen Mantel verglichen worden, einem Kleidungsstück, das nicht unbedingt der neuesten Mode entspricht, in dem man sich aber sehr wohl fühlt. Der Mantel hat inzwischen einen eleganten, zeitgemäßen Zuschnitt bekommen – und bequem ist er immer noch.

Geschichte Dublin wurde von den Wikingern gegründet. Zwar gab es im Liffey-Tal bereits Jahrhunderte vor deren Ankunft keltische Siedlungen, doch von den Anfängen einer Stadt kann erst seit Mitte des 9. Jh. gesprochen werden, als die dänischen Eindringlinge nahe des heutigen Dublin Castle eine Befestigung anlegten. *Dubh Linn*, ›schwarzer Tümpel‹, nannten die Eroberer den Ort an der Einmündung des Flüsschens Poddle in die Liffey, der sich bald zum wichtigen Warenumschlagplatz entwickelte. Doch die Stellung der Wikinger blieb nicht unangefochten: Im Jahr 988 eroberte König Máel Sechnaill II. Dublin vorübergehend zurück. Mit dem Sieg über die Skandinavier in der Schlacht von Clontarf am Karfreitag des Jahres 1014 konnten die Iren Dublin zurückgewinnen. Doch die Zwistigkeiten unter den verschiedenen irischen Kleinkönigen machten es den englischen Normannen leicht, auf der Insel Fuß zu fassen und bald darauf Dublin einzunehmen. Die Stadt erhielt nun einen Befestigungsring; den Bezirk, den er umgab, nannte man *The Pale*. Die Iren griffen ihn zwar immer wieder an, dennoch blieb Dublin für 750 Jahre die Basis der fremden Macht. Ende des 15. Jh. beherrschten die Engländer nicht mehr von

Dublin

Irland als den ›Pale‹ – aber mit den Tudorkönigen änderte sich das. Heinrich VIII. machte Dublin de facto zur Hauptstadt einer englischen Kolonie. Mit seiner Loslösung von der römischen Kirche wurde der ›König von Irland‹ (1541) zugleich zum geistlichen Oberhaupt der neu entstandenen protestantischen *Church of Ireland*.

Zahlreiche Aufstände gegen die englische Vorherrschaft erschütterten die Stadt. Mitte des 17. Jh. wurde sie zum Ausgangspunkt von Oliver Cromwells Rachefeldzug. Zwar litt sie nicht so sehr wie andere Städte, doch die Stadtmauern wurden zerstört, Burg und Kathedralen stark beschädigt. Mit der Niederlage König Jakobs II. in der Schlacht an der Boyne endete der Widerstand der Iren. Für das protestantische Dublin bedeutete das einen Aufschwung. 1757 wurde die *Wide Street Commission*, die erste amtliche Stadtplanungsbehörde Europas, ins Leben gerufen. Unter ihrer Regie setzte ein Bauboom ein, dem die letzten mittelalterlichen Stadtteile zum Opfer fielen. Großzügig wurden Straßen und Plätze angelegt, die prächtigen klassizistischen Gebäude und georgianischen Wohnhäuser errichtet, und als Irland 1782 sein eigenes *Parlament* erhielt, entfaltete sich ein reges politisches und gesellschaftliches Leben.

Doch schon mit Ablauf des Jahres 1800 löste sich das nur aus Protestanten bestehende und zur Korruption neigende Parlament selbst auf, Irland wurde ins *Vereinigte Königreich* eingegliedert. Die Oberschicht wanderte ab, die Bautätigkeit kam zum Stillstand, die großen Gebäude waren wieder einmal dem Verfall preisgegeben. Das 19. Jh. war für Dublin eine Zeit des Niedergangs – zugleich jedoch erstarkten die irischen Bestrebungen, sich von England loszulösen.

Am Ostersonntag 1916 brach der Aufstand los. Am Hauptpostamt verlas Padraig Pearse die *Unabhängigkeitserklärung*. Drei Jahre später kam es zum anglo-irischen Krieg, der mit großer Erbitterung geführt wurde – und in Dublin tiefe Wunden schlug. Noch schlimmer wirkten sich die Auseinandersetzungen zwischen Gegnern und Befürwortern des Vertrages von 1922 aus, der die Teilung der Insel vereinbarte.

Danach aber trat eine Erholung ein. Die nunmehrige Hauptstadt des Freistaates wuchs rasch. Inzwischen erlebt Dublin einen neuen Wohlstand, welcher der Stadt moderne Industrieviertel mit schicken Büro- und Geschäftszentren eintrug, darunter angesagte Boutiquen, Bistros, Bars und Diskotheken. Dublin, das vor nicht allzu langer Zeit noch provinziell anmutete, ist eine Weltstadt geworden.

Besichtigung Im Folgenden werden *drei Rundgänge* beschrieben, die jeweils ca. einen halben Tag in Anspruch nehmen. Obwohl die Entfernungen relativ gering sind, wird für die Routen vorausgesetzt, dass der Besucher gut zu Fuß ist. Für alle drei Rundgänge ist die zentral gelegene *O'Connell Bridge* idealer Ausgangspunkt.

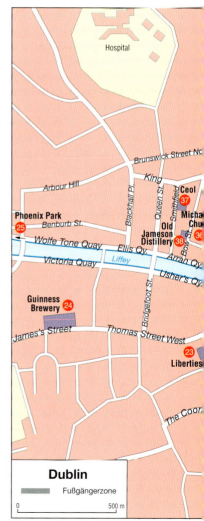

Rund um die Grafton Street

Südlich der Brücke liegt an der Ecke Westmoreland Street/College Green die **Bank of Ireland** ❷. Der klassizistische Bau wurde 1729 als Sitz des irischen Parlaments begonnen. Neben dem Architekten *Sir Edward Lovett Pearce* beschäftigte er bis zu seiner Fertigstellung u. a. auch *James Gandon*, der für viele der öffentlichen Gebäude Dublins verantwortlich zeichnet. Über dem Portalgiebel auf der Südseite sind allegorische Figuren zu sehen, die Hibernia, also Irland, die Treue und den Handel darstellen. Über der Ostfassade thronen die Weisheit, die Gerechtigkeit und die Freiheit. Doch schon im Jahr 1800 verlor das Parlamentsgebäude durch die Union Irlands mit dem britischen Königreich seine eigentliche Funktion. Es wurde an die *Bank of Ireland* verkauft – mit der Auflage, bauliche Veränderungen durchzuführen, die eine Verwendung als Diskussionsforum ausschließen. Das zentrale *House of Commons* (Unterhaus) wurde daraufhin völlig umgestaltet und dient heute als Schalterhalle. Wer während der Bank-Öffnungszeiten hier vorbeikommt, sollte sie unbedingt besuchen. Das kleinere Oberhaus (*House of Lords*) hat seinen ursprünglichen Charakter bewahrt und ist auf Anfrage zugänglich (Führungen Di 10.30, 11.30, 13.45 Uhr).

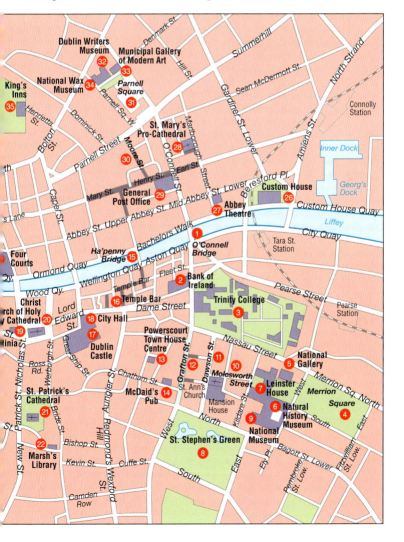

Dublin – Rund um die Grafton Street

»Alive, alive, oh!« lautet der berühmte Refrain aus dem Lied von der Fischverkäuferin Molly Malone, der man in Dublin ein Denkmal setzte

Ein kleines Stück weiter trifft man auf die Statue von *Molly Malone*, der Fischverkäuferin aus dem Lied, das mit den berühmten Worten ›In Dublin's Fair City …‹ beginnt. Mollys tiefausgeschnittenes Kleid hat nach der Aufstellung der Plastik für große Aufregung gesorgt.

TOP TIPP Hinter einem schmiedeeisernen Zaun liegt das **Trinity College** ❸, das von Touristen vor allem deshalb besucht wird, weil in seiner Bibliothek das berühmte ›Book of Kells‹ zu sehen ist. Das College, die älteste Universität Irlands, wurde 1592 von der englischen Königin Elizabeth I. für ihre Untertanen – allerdings nur die protestantischen – gegründet. Als die konfessionellen Beschränkungen 1873 endlich aufgehoben wurden, verbot die katholische Kirche ihren Gläubigen jedoch den Zugang, um sie vor verderblichen Einflüssen zu bewahren.

Unter den Absolventen des Colleges waren so namhafte Männer wie *Jonathan Swift, Oscar Wilde, Bram Stoker* und *Samuel Beckett*. Von den frühesten Bauten ist nichts mehr vorhanden, die jetzigen Gebäude entstammen größtenteils dem 18. Jh. Betritt der Besucher das Universitätsgelände durch den Seiteneingang in der Nassau Street, gelangt er zunächst auf den *Fellows Square*, von dem aus man bereits den Hauptanziehungspunkt des Trinity Colleges sehen kann: die **Bibliothek** (Mo – Sa 9.30 – 17 Uhr, Juni – Sept. So 9.30 – 16.30, Okt. – Mai So 12 – 16.30 Uhr). In ihrem Erdgeschoss sind die Kasse sowie ein Bücher- und Souvenirladen eingerichtet. Von hier führt eine Treppe hinauf in den **Long Room**. In dieser ausgesprochen ehrwürdigen Halle mit dem hölzernen

---

Kunstvolle Seiten

*Das **Book of Kells** hat heute 340 aus Kalbshaut hergestellte Blätter, also 680 Seiten. Sie enthalten den in Majuskeln geschriebenen lateinischen Text der vier **Evangelien** und einige Kommentierungen hierzu. Die Einzigartigkeit des Buches liegt vor allem in seiner unglaublich fantasiereichen und komplexen Ausschmückung. Besonders aufwendig gestaltet sind die Seiten, die die Evangelien einleiten, und die ›CHI-RO-Seite‹, so genannt nach den Initialen Christi im griechischen Alphabet.*

*In dieser Komposition von verwirrender **Pracht**, bei der selbst in der Vergrößerung kaum alle Details auszumachen sind, verbergen sich unzählige, heute nicht mehr entzifferbare Aussagen über die religiösen Vorstellungen des **Mittelalters**. Aus unserer Sicht haben die ineinander verschlungenen und sich gegenseitig fressenden Fabelwesen fast comichaften Charakter. Auffallend ist, dass viele von ihnen mit roten Punkten umrandet sind – ein Stilmerkmal, das ansonsten nur noch aus der koptischen Kunst Ägyptens bekannt ist.*

Tonnengewölbe sind Kostbarkeiten aus dem Bibliotheksbestand ausgestellt, ferner *Brian Borús Harfe*, ein Instrument, das allerdings fast ein halbes Jahrtausend nach den Lebzeiten des Königs hergestellt worden sein dürfte; es stammt wahrscheinlich aus dem 15. Jh. Einer zweiten Treppe folgt man wieder hinab in den Raum, der der Aufbewahrung des eigentlichen Schatzes dient: des **Book of Kells**, außerdem der Bücher von *Durrow*, *Dimma* und *Armagh*. Vom Book of Kells sind vier Seiten zu sehen. Sie reichen aus, dem Betrachter die Großartigkeit dieses Kunstwerks vor Augen zu führen. Geschrieben wurde das Buch vermutlich von irischen Mönchen auf der vor Schottland gelegenen Insel Iona. Möglicherweise ist es auch in Kells, also unweit von Dublin entstanden, wohin die Mönche geflohen waren, nachdem die Wikinger das Kloster von Iona im Jahre 806 geplündert hatten. In Kells jedenfalls befand sich die Handschrift kurz nach der Jahrtausendwende. 1007 wurde sie aus der dortigen Kirche gestohlen, doch hatte der Dieb nur an dem kostbar verzierten Buchdeckel Interesse; das eigentliche Buch warf er weg, man fand es auf einer nahe gelegenen Wiese. Im 17. Jh. schenkte es die Kirche schließlich dem Trinity College.

Im Trinity College wird in den Sommermonaten stündlich eine Multimedia-Show mit dem Titel **The Dublin Experience** (Ende Mai – Ende Sept. tgl. 10 – 17 Uhr) gezeigt. Sie führt auf unterhaltsame Weise in die Stadtgeschichte Dublins ein und ist durchaus empfehlenswert.

Auf der Nassau Street westwärts erreicht man den **Merrion Square** ❹. Der Platz ist vor allem deshalb sehenswert,

Das Wissen von Jahrhunderten wird in den Regalen des würdevollen Long Room in der Bibliothek des Trinity College bewahrt

Dublin – Rund um die Grafton Street

Höchste Kunstfertigkeit: Zierseite mit den Evangelistensymbolen aus dem ›Book of Kells‹

weil er als einziges geschlossenes Ensemble Dublins den georgianischen Charakter bewahrt hat. Unter *Georgian Style* versteht man den Baustil, der sich zwischen 1714 und 1830, also während der Regierungszeiten der englischen Könige Georg I. bis Georg IV. entwickelte. Bei der Neuerrichtung von nicht öffentlichen Gebäuden war ein von der Stadtbaukommission genau festgelegtes Schema einzuhalten. Das Ergebnis, für das der 1762 angelegte Merrion Square ein hervorragendes Beispiel ist, war eine wohldurchdachte, großzügige Wohnarchitektur. Die Viertel wurden einheitlich geplant; bei den einzelnen Häusern herrschen im äußeren Erscheinungsbild klare Linien vor, die Eleganz ist der Innenausstattung vorbehalten. Auf eine besondere Ausgestaltung der Backsteinfassaden musste verzichtet werden, weshalb der Wunsch nach Dekoration an den schmiedeeisernen Balkonen und – vor allem – an den Türen seinen Niederschlag fand. So entstanden die berühmten **Dublin Doors**, die häufig auf Postern und Postkarten abgebildet werden.

Etwa 500 der ehemaligen Bürgerhäuser am Merrion und am *Fitzwilliam Square* stehen unter Denkmalschutz. Zu den früheren Anwohnern des Merrion Square gehörten der junge *Oscar Wilde*,

Rund um die Grafton Street

dessen Eltern William und ›Speranza‹ Wilde – er Augenarzt, sie Dichterin – in Hausnr. 1 lebten, sowie der ›Befreier‹ *Daniel O'Connell* (Hausnr. 58) und der Schriftsteller und Nobelpreisträger *William B. Yeats* (Hausnr. 82). Die Grünanlage in der Mitte des Platzes stand einst den Anliegern – und nur ihnen – zur Verfügung und ist nicht mehr zugänglich.

An der Westseite des Platzes reihen sich drei bedeutende Gebäude aneinander: Die Nationalgalerie, das Leinster-Haus und das Museum für Naturgeschichte. Die **National Gallery** ❺ (Mo – Sa 9.30 – 17.30, Do 9.30 – 20.30, So 12 – 17.30 Uhr) wurde 1854 durch einen Parlamentsbeschluss gegründet und genau zehn Jahre später erstmals der Öffentlichkeit zugänglich gemacht. Heute befinden sich etwa 2500 Gemälde in ihrem Besitz, ferner Zeichnungen, Drucke, Skulpturen, Gewänder und andere Werke europäischer Provenienz. Die *Sammlung europäischer* Kunst enthält u. a. Werke von Caravaggio, Peter Paul Rubens, Rembrandt, Frans Hals, Anthonis van Dyck, Goya, El Greco und Nicolas Poussin. Sehenswert ist auch die Abteilung für *irische Malerei* mit zahlrei-

Als Erholungsgebiet bei Jung und Alt populär: St. Stephen's Green, die weitläufige Parkanlage mitten in Dublin lässt den Verkehrslärm schnell in Vergessenheit geraten

chen Gemälden von *Jack B. Yeats*, dem Bruder des bekannten Autors; darüber hinaus ist in der Abteilung für niederländische Malerei ›Der Brief‹, ein großartiges Meisterwerk von *Jan Vermeer*, zu bewundern.

Das 1857 eröffnete **Natural History Museum** ❻ (Di – Sa 10 – 17, So 14 – 17 Uhr) ist in einem viktorianischen Gebäude untergebracht, das noch nie renoviert wurde und inzwischen selbst ein Museumsstück ist. Die Sammlung besteht aus einer nahezu unerschöpflichen Fülle von ausgestopften Tieren, Fossilien und Knochen – sowie zwei Skeletten des vor etwa 10 000 Jahren ausgestorbenen irischen Riesenhirschs.

Das **Leinster House** ❼ (Führungen im 30-Min.-Takt, Sa 10.30 – 12 und 13.30 – 15.30 Uhr. Die Tickets sind in der National Gallery erhältlich), im Jahre 1745 für den Earl of Kildare gebaut, gehört seit 1925 dem irischen Staat; beide Kammern des Parlaments, der *Dáil* (Unterhaus) und der *Seanad* (Oberhaus) haben hier ihren Sitz.

Ein wenig weiter südlich erstreckt sich **St. Stephen's Green** ❽, eine von starkem Verkehr umbrandete Grünanlage, die man als das Herzstück, aber auch als die Lunge der Dubliner Innenstadt bezeichnen könnte. An der Nordwestecke des 9 ha großen Parks, der heute vor allem der Erholung dient, erhebt sich der *Fusilier's Arch*, das auffallendste Monu-

Dublin Doors: Die Türen der georgianischen Häuser sind ein beliebtes Fotomotiv

Dublin – Rund um die Grafton Street

Prachtvoll und filigran: Der fein verzierte, silberne Ardagh-Kelch aus dem 8. Jh. ist eines der Prunkstücke im Dubliner National Museum

ment der Anlage. Das einem römischen Triumphbogen nachempfundene Denkmal erinnert an die Soldaten der *Royal Dublin Fuseliers*, die um 1900 im Burenkrieg gefallen sind. Der Park umfasst ferner einen Zierteich mit Wasservögeln, einen botanischen Garten, einen Garten zum Gedenken an William Butler Yeats mit einer von *Henry Moore* geschaffenen Plastik sowie Denkmäler für *James Joyce* und *Theobald Wolfe Tone*.

St. Stephen's Green wurde 1880 mit dem Geld von Lord Ardilaun (Sir Arthur Edward Guinness) angelegt. Die ältesten von der ursprünglichen Bebauung erhaltenen Häuser stehen an der Südseite des Platzes: Das **Iveagh House** (Hausnrn. 80 und 81), in dem nun die Büros des Außenministeriums eingerichtet sind, wurde im 18. Jh. für den Bischof von Cork und Ross erbaut; im **Newman House** (Hausnrn. 85 und 86) befand sich früher die katholische Universität, an der James Joyce studierte; sehenswert ist die Mitte des 19. Jh. im byzantinischen Stil errichtete **Universitätskirche**. Auf der Westseite liegen die eher unscheinbare **Unitarierkirche** aus dem Jahr 1863 und das **Royal College of Surgeons in Ireland**, die erste Ausbildungsstätte für Chirurgen auf der Insel. Das 1867 eröffnete **Shelbourne Hotel** an der Nordseite ist Dublins traditionsreichste Nobelherberge.

Neben dem Shelbourne beginnt die Kildare Street, in der das **National Museum** ❾ (Di–Sa 10–17, So 14–17 Uhr) liegt, das zusammen mit der National Library, dem Leinster House und der National Gallery [s. S. 25] einen ausgedehnten Gebäudekomplex bildet. Das Museum besitzt eine großartige, aber durchaus überschaubare Sammlung von Kunstgegenständen aus den verschiedenen Epochen der irischen Geschichte. Im *Zentralraum*, der sich an die runde Eingangshalle anschließt, findet der Besucher neben prähistorischen Funden das ›Irische Gold‹. Unter den bronzezeitlichen Metallarbeiten verdienen vor allem die sog. *Lunulae* Beachtung [s. S. 12]. In Westeuropa wurden über 100 dieser aus Goldblech gehämmerten Objekte entdeckt, 81 davon kommen nachweislich aus Irland. Die kostbarsten Stücke des Museums werden in der Schatzkammer (*Treasury*) aufbewahrt. Hierzu zählt der *Ardagh-Kelch*, der 1868 von einem Bauernjungen bei der Ortschaft Ardagh in der Grafschaft Limerick gefunden wurde. Zusammen mit einem weiteren, bronzenen Kelch sowie vier Fibeln war er vermutlich bei einem Wikinger-Überfall im 10. Jh. vergraben worden. Der silberne Kelch, der wahrscheinlich aus dem 8. Jh. stammt und zur Spendung des eucharistischen Weines an die Gläubigen verwen-

Rund um die Grafton Street

det wurde, zeugt von einem künstlerischen und handwerklichen Können, das damals auf dem Kontinent nirgendwo erreicht wurde. Zu seiner Verzierung verwendete man neben Gold, Silber und Kupfer auch Glaspaste, Glimmer, Malachit und Kristall; die Form ist aus dem Byzantinischen übernommen. Auf der Oberseite sind die lateinischen Namen der Apostel eingraviert.

Ähnlich beachtenswert ist die *Tara-Fibel*, die ebenfalls dem 8. Jh. zugeordnet wird. Sie zeigt nicht nur Spuren vielfältiger künstlerischer Einflüsse, sondern belegt auch weit reichende Handelsbeziehungen: Der Bernstein kam aus England oder dem Baltikum, das zur Vergoldung nötige Quecksilber vom Kontinent. Bei dem prachtvoll verzierten *Krummstab von Clonmacnoise* handelt es sich um ein Reliquiar; es enthielt den Holzstab eines Heiligen. Solchen Stäben sprach man wundertätige Fähigkeiten zu, man benutzte sie bei der Abnahme von Eiden und trug sie mit auf das Schlachtfeld.

Im Erdgeschoss wird außerdem unter dem Titel *Ar Thóir na Saoirse* – ›Der Weg zur Unabhängigkeit‹ eine Dokumentation zur irischen Geschichte der Jahre 1916 bis 1921 präsentiert. Das Obergeschoss beherbergt sowohl eine ausführliche Ausstellung zur Historie der Wikinger in Irland als auch eine über das alte Ägypten.

Unweit des Museums sind in der **Molesworth Street** ⑩ zwei alte hugenottische Giebelhäuser aus dem 18. Jh. erhalten geblieben. Das auffallendste Gebäude dieser Straße ist jedoch die **Freemason's Hall**, seit 1865 der Sitz der irischen Freimaurerloge.

In der **Dawson Street** ⑪ liegen zur Linken aneinander gereiht die *St. Ann's Church* mit ihrer neoromanischen Fassade, das Haus der *Royal Irish Academy* und das **Mansion House**, dessen Bauherr Joshua Dawson der Straße den Namen gab. 1715, nur wenige Jahre nach seiner Fertigstellung, wurde das einfache Backsteingebäude jedoch zum offiziellen Wohnsitz des Dubliner Bürgermeisters gemacht. Im *Runden Zimmer* des Mansion House fand am 21. Januar 1919 die erste Versammlung des *Dáil Éireann*, des irischen Parlamentes, statt, bei der offiziell die Unabhängigkeit erklärt wurde. Heute wird das Mansion House hauptsächlich für Empfänge und Ausstellungen genutzt.

Im angrenzenden Gebäude der **Royal Irish Academy** (Mo–Fr 9.30–17.30, Sa 9.30–12.45 Uhr) werden wertvolle irische Handschriften aufbewahrt. Zu den kostbarsten Manuskripten der Sammlung gehören der *Psalter des hl. Columcille* und ein Teil der Psalme aus einer *Vulgata-Abschrift*.

TOP TIPP Die parallel zur Dawson Street verlaufende **Grafton Street** ⑫ war im 18. Jh. eine noble Wohnadresse. Heute wird sie von modernen Warenhäusern, gestylten Boutiquen und

Zwischen Trinity College und St. Stephen's Green: Der Klang traditioneller irischer Musik gehört zum Ambiente der Grafton Street

Dublin – Rund um die Grafton Street

schicken Restaurants gesäumt. Zum besonderen Flair tragen auch die zahlreichen Straßenmusiker bei, die Gitarren, Banjos und Harfen zupfen oder auch die *Tin whistle* und den irischen Dudelsack blasen. Die Grafton Street, seit 1982 Fußgängerzone, kann sich, was Atmosphäre und Eleganz betrifft, mit den Flanierstraßen anderer europäischer Großstädte durchaus messen.

Wer nun eine Mittagspause machen möchte, dem bietet sich zum einen in nächster Nähe eine Einkehr in **Bewley's Café** an. Das Essen entspricht zwar dem üblichen Standard, aber Bewley's ist immer noch eine

Einst das Herz des alten Dublin, heute eine elegante Einkaufsstraße: die Grafton Street

Rund um die Grafton Street

Für viele eine Oase im großstädtischen Treiben: McDaid's Pub in der Harry Street mit seiner stilvollen Ausstattung ist eine Welt für sich

Art Institution; das reizvolle Jugendstilgebäude mit seinen großzügigen Räumlichkeiten steht in der guten, alten Tradition der Kaffeehäuser.

Eine zweite Rastmöglichkeit eröffnet das **Powerscourt Town House Centre** ⑬, das sich in der South William Street befindet. Die einstige Stadtresidenz der Familie Powerscourt wurde 1983 architektonisch äußerst gelungen umgestaltet: Der Innenhof erhielt ein gläsernes Dach, und in den verschiedenen Stockwerken wurden umlaufende Gänge eingezogen; über sie gelangt man zu Restaurants und Snack-Bars, zu Boutiquen, Antiquitäten- und Kunstgewerbeläden.

Eine angenehme Ruhepause kann man auch im **McDaid's Pub** ⑭ in der Harry Street Nr. 3 abhalten, die von der Grafton Street kurz vor ihrem südlichen Ende rechts abzweigt. Es gibt in Dublin viele Wirtshäuser, die auf eine lange Geschichte zurückblicken können. Dennoch dürfte McDaid's zu den traditionsreichsten zählen. Das Haus mit der ehrwürdigen Fassade wurde 1779 erbaut, 1873 schließlich wurde das Pub eingerichtet. Große Teile der jetzigen Inneneinrichtung stammen noch aus dieser Zeit, und zumindest seit den 50er-Jahren des 20. Jh., als Brendan Behan hier zu trinken pflegte, hat sich der Charakter des Etablissements nicht mehr wesentlich verändert. Die in Schweinsleder gebundenen Bücher, die Tonkrüge und Blechkisten, die in 3 m Höhe auf Regalen vor sich hin stauben, erwecken nicht den Eindruck, als sollten sie der Dekoration dienen, vielmehr scheint es, als hätte sie ein Wirt um 1900 dorthin gestellt, weil er im Speicher keinen Platz mehr hatte. Gefliese Wände, alte Barspiegel und stilvolle Möbel aus Holz und Metall vervollständigen das Bild. Aus einem Lautsprecher tönt Musik: jazzig, unaufdringlich und meist kaum beachtet.

Ein Pint mit Weile

*Zu belebten Stunden kann es bei **McDaid's** durchaus etwas dauern, bis man sich von der Eingangstür bis zum Tresen vorgearbeitet hat. Aber Eile ist nicht angebracht, es dauert ohnehin seine Zeit, bis ein ordentliches **Pint of Guinness** gezapft ist. Man kann bei McDaid's auch eine Kleinigkeit essen. Die meisten aber kommen ausschließlich zum Trinken – und natürlich, um sich zu unterhalten. Einen **Gesprächspartner** findet jeder – vorausgesetzt er sucht einen, denn aufdrängen wird sich niemand.*

Dublin – Westlich des Zentrums

Westlich des Zentrums

Der zweite Spaziergang nimmt seinen Anfang wiederum an der zentral gelegenen *O'Connell Bridge* und führt an der Guinness-Brauerei vorbei in den Phoenix-Park. Im letzten Abschnitt sind Strecken enthalten, die die Mehrzahl der Dublin-Besucher lieber im eigenen Auto, mit dem Taxi oder einem öffentlichen Bus zurücklegen werden.

Von der Brücke aus geht es diesmal zunächst an der Südseite der Liffey entlang flussaufwärts bis zur *Liffey Bridge*. Die Brücke ist besser bekannt unter dem Namen **Ha'penny Bridge** ⑮, der daran erinnert, dass für ihre Benutzung früher eine Gebühr von einem halben Penny zu entrichten war. Sie war – bis zum Ende der 90er-Jahre des 20. Jh., als die Millennium Footbridge hinzukam – die einzige Fußgängerbrücke über die Liffey und wurde 1821 als eine der ersten Gusseisenkonstruktionen in Irland gebaut.

Geht man nun auf der anderen Straßenseite unter dem **Merchant's Arch** hindurch und eine Treppe hinauf, befindet man sich in der Crown Alley und damit bereits mitten im Bezirk **Temple Bar** ⑯, einem Komplex aus engen, kopfsteingepflasterten Straßen, in dem früher hauptsächlich Drucker und Uhrmacher ihre Werkstätten hatten. Als sie ihre Betriebe nach und nach schließen mussten, verödete das Viertel. Doch dann zogen Künstler und Kunsthandwerker, Studenten und Bohémiens ein und belebten Temple Bar neu. Mittlerweile hat das Viertel ein ›gediegen-alternatives‹ Ambiente, es gibt Dutzende von Restaurants, Cafés, Galerien – und einen äußerst regen Kulturbetrieb.

Eine Reise durch die Zeit bietet das vor einigen Jahren in der Essex Street West eröffnete Museum **Dublin's Viking Adventure** (März–Okt. Di–Sa 10–16.30 Uhr, Nov.–Febr. Di–Sa 10–13 und 14–16.30 Uhr). Ein Bummel durch die von emsigen Handwerkern, Hausfrauen und anderen ›Wikingern‹ bewohnte ›Stadt‹ ist nicht nur für Kinder ein Vergnügen.

Man kann nun durch Cope Street, Cecilia Street und Curved Street, über den Meeting House Square und durch die Temple Bar Lane schlendern und das Viertel an der Dame Street verlassen. An dieser liegt auch, nur wenig weiter westlich, **Dublin Castle** ⑰ (Mo–Fr 10–17, Sa/So/Fei 14–17 Uhr). Der Eingang befindet sich, etwas zurückgesetzt, nahe dem prachtvollen Gebäude im italienischen Stil, in dem die *AIB-Bank* eine Filiale unterhält. Die Burg auf dem Cork Hill überrascht viele Besucher dadurch, dass sie wenig mit dem gewohnten Festungsbautypen gemeinsam hat. Im 18. Jh. erhielt das ursprünglich mittelalterliche Bauwerk ein vollkommen neues Aussehen. Es wurde von den englischen Herren Irlands als Verwaltungssitz eingerichtet. Bei dieser Gelegenheit verschwand mit Ausnahme einiger Türme alles, was eine Verteidigungsanlage ausmacht, dennoch war ›The

Westlich des Zentrums

◁ *Nachts bekommt die einst gebührenpflichtige Ha'penny Bridge Glanzlichter aufgesetzt.*

Castle‹ nach wie vor Symbol der Fremdherrschaft. Vermutlich steht es genau auf dem Platz der ersten wikingischen Befestigung. Anstelle dieses Vorgängerbaus ließ Strongbow, der 1170 die anglo-normannische Eroberung Irlands anführte, hier ein zweites Fort errichten. Im frühen 13. Jh. sah sich König Johann durch die ständigen Angriffe der Iren veranlasst, den Bau einer neuen Verteidigungsanlage zu befehlen. Von ihr sind noch der *Record Tower* und Teile der Ringmauer erhalten. Die Rebellion von Silken Thomas 1534 und ein Brand im Jahre 1684 brachten größere Zerstörungen mit sich. Bei den folgenden Renovierungsarbeiten wurden die früheren Steinmauern nach und nach durch Wände aus Ziegeln ersetzt; der *Bedford Tower*, gleich am Eingang, erhielt seine jetzige Gestalt, der alte *Pulverturm* an der Nordostecke wurde vollkommen überbaut und erst bei einer Restaurierung Anfang der 90er-Jahre des 20. Jh. wieder frei gelegt. In ihm wurden die irischen Kronjuwelen aufbewahrt, bis sie 1907 auf ungeklärte Weise und auf Nimmerwiedersehen verschwanden. Die *Königskapelle* schließt sich westlich an den Record Tower an. Sie stammt aus der ersten Hälfte des 19. Jh. und ist reich mit Statuen und Stuck ausgestattet. In ihr pflegten der Vizekönig und andere Bewohner der Burg ihr Gebet zu verrichten. Die üppig verzierten *Staatsgemächer* (Führungen im 20-Min.-Takt) dienen auch heute noch Repräsentationszwecken.

Verlässt man die Burg durch den Nordausgang, steht man vor der **City Hall** ⑱, dem Dubliner Rathaus. Der wuchtige, klassizistische Bau hat eine bewegte Geschichte: Um 1770 als Börse errichtet, wurden hier bald darauf Rekruten ange-

Der Bezirk Temple Bar war in den 70er-Jahren des 20. Jh. eine der unansehnlichsten Gegenden Dublins. Heute wird er gelegentlich mit dem Quartier Latin in Paris verglichen

31

Dublin – Westlich des Zentrums

Dem Nationalheiligen gewidmet und für Staatsempfänge genutzt: die St. Patrick's Hall im Dublin Castle, einem der traditionsreichsten Bauwerke der irischen Hauptstadt

worben. Während des Aufstandes von 1798 benutzte die englische Armee das Gebäude als Kaserne und Foltergefängnis. 1852 schließlich kaufte die Stadtverwaltung das Haus.

Setzt man den Rundgang nach Westen fort, sieht man nach wenigen Minuten die Christ Church Cathedral vor sich. Ihr Besuch lässt sich mit demjenigen von **Dublinia** ⑲ (April – Sept. tgl. 10 – 17 Uhr, Okt. – März tgl. 11 – 16 Uhr) verbinden. Mit dem – nicht ganz billigen – Ticket für diese Multi-Visionsshow ist gleichzeitig die ›Spende‹ bezahlt, die für die Besichtigung der Kathedrale erhoben wird. Die Ausstellung unterrichtet über die Geschichte Dublins. Eine Tonkonserve (auch in Deutsch vorhanden) begleitet durch die Galerie von Schaubildern, eine Reliefkarte der mittelalterlichen Stadt wird erläutert und ein ca. 20-minütiger Film gezeigt. Zuletzt kann man vom Turm des Gebäudes aus einen Blick über Dublin werfen.

Über eine Brücke hat man direkten Zugang zur **Christ Church of Holy Trinity Cathedral** ⑳ (tgl. 9.45 – 17.30 Uhr) – so ihr voller Name. Über nahezu ein Jahrtausend hinweg war sie der Mittelpunkt des kirchlichen Lebens in Irland, heute ist sie die Kathedrale der protestantischen Diözese von Dublin. Der Bau geht auf ein früheres, zum großen Teil aus Holz bestehendes Gotteshaus zurück, das der König der christianisierten Dänen, Sitric Seidenbart, 1038 hatte errichten lassen. In den Jahren nach 1170, als Richard de Clare, genannt Strongbow, an die Macht gekommen war, wurde die alte Kirche abgerissen. Unter der gemeinsamen Regie des Anglo-Normannen und des später heilig gesprochenen Erzbischofs Lawrence O'Toole entstand innerhalb von 50 Jahren die neue Kathedrale, die Hauptkirche der Engländer in Irland. Einen tiefen Einschnitt in ihrer Geschichte bedeutete der Bruch König Heinrichs VIII. mit der römisch-katholischen Kirche und die Gründung der anglikanischen Staatskirche 1533. Im Jahre 1551 fand der erste anglikanische Gottesdienst in der Christ Church Cathedral statt. Sie ist bis auf den heutigen Tag protestantisch geblieben. Ihre jetzige Gestalt verdankt sie einer 1871 durchgeführten gründlichen Renovierung. Lediglich die *Krypta* mit ihrem Kreuzrippengewölbe – Dublins ältestes erhaltenes Bauwerk – und das romanische *Portal* auf der Südseite stammen noch aus dem 12. Jh. Bei den Mauerresten vor dem Portal handelt es sich um Teile eines *Kapitelhauses* aus dem 13. Jh.

Man betritt die Kathedrale – sofern man nicht über die Brücke von der Dublinia-Ausstellung im Synoden-Haus kommt – von Südwesten. Das Hauptschiff stammt im Wesentlichen aus dem frühen 13. Jh.; der verlängerte Chor und

Westlich des Zentrums

die Nordseite des Schiffs können aufgrund der Elemente aus der englischen Frühgotik auf eine etwas spätere Zeit datiert werden. Von den *Grabmonumenten* in der Christ Church Cathedral verdienen zwei besondere Beachtung: Zwischen zwei Säulen beim südlichen Seitenschiff birgt ein Grabmal, das einen liegenden Ritter und eine schwer identifizierbare Halbfigur zeigt, der Überlieferung zufolge die sterblichen Überreste *Strongbows*; künstlerisch wertvoller ist ein im 18. Jh. für den *Earl of Kildare* angefertigtes klassizistisches Werk im südlichen Querschiff. In der Kapelle in der Südostecke wird in einer Metallkapsel das Herz *Lawrence O'Toole's* aufbewahrt.

Auf der Nicholas Street und Patrick Street Richtung Süden erreicht man **TOP TIPP** die **St. Patrick's Cathedral** ㉑ (April–Okt. Mo–Fr 9–18, Sa 9–17 Uhr, Nov.–März Mo–Sa 9–16, So 10–16.30 Uhr). Die Kirche steht an einer Stelle, die für einen so großen Bau denkbar ungeeignet war: Der Poddle, ein kleiner Nebenfluss der Liffey, läuft praktisch unter ihr hindurch. Ihr Standort gilt jedoch als der älteste mit dem Christentum verbundene Platz Dublins, denn hier soll der hl. Patrick die frisch Bekehrten getauft haben. Vorgängerbauten – zunächst aus Holz – gehen bis auf die Zeit um 450 zurück. Am St. Patrick's Day des Jahres 1192 weihte Erzbischof John Comyn, der Nachfolger von Lawrence O'Toole, das neue steinerne Gotteshaus ein. Der nächste Erzbischof, Henry de Londres, nahm bereits größere Veränderungen vor und erhob es zur Kathedrale. Hauptgrund für diese Maßnahme war das Konkurrenzverhältnis, das zwischen ihm und dem Dekan der Christ Church Cathedral herrschte. 1558, mit dem Regierungsantritt von Elisabeth I. und sieben Jahre nach der Christ Church Cathedral, wurde auch St. Patrick's protestantisch. Es entbehrt nicht der Ironie, dass in den beiden größten Kathedralen Irlands, dessen Bevölkerung zu 95 % katholisch ist, der anglikanische Ritus praktiziert wird.

Bedingt durch seine Umfunktionierung zum Pferdestall während Oliver Cromwells Irlandfeldzug, aber auch infolge von Bränden, Absenkungen des Untergrundes und unsachgemäßer baulicher Veränderungen befand sich das Gebäude im 18. Jh. in sehr schlechtem Zustand. Erst im 19. Jh. machte eine Spende von *Sir Benjamin Guinness* eine umfassende Restaurierung der gefährdeten Bausubstanz möglich. Neben dem Eingang am Südwestportal wurde eine Statue des Geldgebers aufgestellt. Der einzige von Erzbischof Comyns Kirche

St. Patrick's Cathedral: Das Bauwerk wurde an der Stelle errichtet, wo der Nationalheilige im 5. Jh. die ersten Iren taufte

33

Dublin – Westlich des Zentrums

James Joyce

Irland hat viele bedeutende Schriftsteller hervorgebracht, darunter vier Nobelpreisträger: William Butler Yeats, George Bernard Shaw, Samuel Beckett und Seamus Heaney. Der Übervater der irischen Literatur jedoch bleibt James Joyce.

Mit seinen **Werken** *›Dubliner‹ (1914) und ›Ein Porträt des Künstlers als junger Mann‹ (1916), vor allem aber mit ›Ulysses‹ (1922) und ›Finnegans Wake‹ (1939) weitete er die Anwendungsmöglichkeiten der Sprache in bis dahin nicht gekannte Bereiche aus. Joyce, der 1882 in Dublin geboren wurde, in ärmlichen Verhältnissen aufwuchs, erst ein Jesuiteninternat und später die katholische Universität besuchte, wandte sich früh von der Kirche – und seinem Heimatland – ab. »Irland«, sagte er, »ist eine alte Sau, die ihre eigenen Ferkel frisst.« 1904 verließ er die Insel zusammen mit seiner Lebensgefährtin* **Nora Barnacle***, die er erst 27 Jahre später heiratete. Mit ihr – und den beiden Kindern, die sie ihm gebar – lebte er vorwiegend in Paris und in Zürich, wo er 1941 starb. Nach Irland kam er nur auf kurze Besuche zurück.*

Auch der Stadt **Dublin** *war er bestenfalls in einer Hass-Liebe verbunden. Eine »Stadt des Versagens, der Ranküne und der Unglückseligkeit« nannte er sie. Doch die vier genannten Werke spielen allesamt in seiner Heimatstadt. In seinem wichtigsten Werk ›Ulysses‹ schildert er die 24-stündige Odyssee des jüdischen Annoncenverkäufers Leopold Bloom durch die Straßen und Pubs der Stadt am 16. Juni 1904.*

Nicht weniger kontrovers als Joyces Verhältnis zu Dublin ist die Einstellung der Dubliner zu ihm. ›Fuckin' Joyce‹ nennen sie ihn – und sind stolz auf ihn. Der 16. Juni, der **Bloomsday***, ist für die einen ein Nationalfeiertag, für die anderen gibt er zumindest den Anlass her, in einer der Kneipen, die im ›Ulysses‹ erwähnt sind, einen zu heben.*

Leben und Werk des weltbekannten Autors dokumentiert das nahe dem Dublin Writer's Museum gelegene **James Joyce Centre** *(Mo–Sa 9.30–17, So 12.30–17 Uhr), 35 North Great Georges Street, Dublin 1, Internet: www.jamesjoyce.ie. Porträts seiner Familie und Originalaufnahmen von Lesungen gehören ebenso in den Fundus wie Ausstellungen, die die Hintergründe für sein literarisches Schaffen zu erklären versuchen.*

übrig gebliebene Teil ist das *Baptisterium* in der Südwestecke, gleich links des Eingangs. Von der Kathedrale de Londres ist der *Chor* erhalten. Er diente auch als Kapelle des Ordens des hl. Patrick. Über dem Chorgestühl hängen Helme, Schwerter, Banner und Wappen der Ordensmitglieder.

Der Mann, dessen Name sich am engsten mit der St. Patrick's Kathedrale verbindet, ist *Jonathan Swift*. Von 1713 bis zu seinem Tod 1745 war er ihr Dekan. Er ist hier neben seiner Freundin Stella (eigentlich Esther Johnson) beerdigt. Die Messingplatten, die die Gräber decken, fallen unmittelbar nach dem Betreten der Kirche ins Auge. An der Südwand, neben dem Eingang, ist eine Tafel mit dem von ihm selbst in Latein verfassten Grabspruch angebracht. In *Swift's Corner*, im nördlichen Querschiff, sind Möbel, Bücher und die Totenmaske des berühmten Dekans ausgestellt. An der Nordseite der Baptisteriumswand prangt das bombastische Monument des *Great Earl of Cork, Richard Boyle*, auf dem der Earl samt seiner Frau und elf Kindern dargestellt ist. In die Nordwand des Hauptschiffes, gegenüber des Eingangs, ist ein Basrelief eingelassen, das an *Turlough O'Carolan*, den letzten irischen Barden und Harfner erinnert. Seine größten Ver-

Westlich des Zentrums

dienste erwarb er sich als Komponist; in seinen Werken kombinierte er das mündlich überlieferte irische Liedgut mit Elementen aus der klassischen italienischen Musik. Auch Jonathan Swift schätzte die Arbeit des blinden O'Carolan und bat ihn oft ins Dekanshaus zu einem Musikvortrag. In der Nordwestecke des Kirchenschiffes schließlich liegt ein Stein, der 1901 bei Ausgrabungsarbeiten an der Stelle gefunden wurde, an der der hl. Patrick seine Taufen vorgenommen haben soll. Die eingemeißelten Kreuze stammen wohl aus dem 9. Jh.

Gegenüber der Kathedrale steht das **Deanery House**, in dem der Dekan von St. Patrick's wohnt. Es entstand an der Stelle eines Vorgängerbaus, in dem Jonathan Swift während seiner Amtszeit lebte, der allerdings einem Brand zum Opfer fiel.

Auf dem St. Patrick's Close kommt man nach einigen Schritten zu **Marsh's Library** 22 (Mo, Mi–Fr 10–12.45 und 14–17 Uhr, Sa 10.30–12.45 Uhr). Diese Bibliothek, die älteste Irlands, wurde in den ersten Jahren des 18. Jh. eröffnet und blieb bis heute weitgehend unverändert. Die Käfige, in die die Leser der 25 000 altehrwürdigen Bücher gesperrt wurden, führen vor Augen, wie kostbar Druckerzeugnisse dereinst waren. Jonathan Swift gehörte ebenso zu den Benutzern dieser Bibliothek wie zwei Jahrhunderte später James Joyce.

Die folgenden Etappen unseres Spazierganges werden etwas länger und sind eher ein Bummel durch ein Stück Alt-Dublin, der nur während der Öffnungszeiten der Läden sinnvoll ist. Die westlich der St. Patrick's Cathedral beginnende Francis Street führt quer durch die **Liberties** 23. Dieser Freibezirk lag im Mittelalter außerhalb der Stadtmauern und damit nicht mehr im Bereich der städtischen Gerichtsbarkeit. Als 1685 viele Hugenotten vor der religiösen Verfolgung aus Frankreich flohen, siedelten sie sich als Weber hier an. In *The Coombe*, der Verlängerung der *Dean Street*, stand ihr Zunfthaus. Von den hochgiebeligen hugenottischen Wohnhäusern, den sog. *Dutch Billies*, sind nur wenige nicht der modernen Stadtplanung zum Opfer gefallen.

Der Francis Street folgend – vorbei an der neoklassizistischen Kirche, die dem hl. Nikolaus von Myra geweiht ist – erreicht man den **Iveagh Market**, ein stilvolles, aber etwas abgewirtschaftetes viktorianisches Gebäude, in dem gebrauchte Kleider und ähnliches verkauft werden. Auch in der Umgebung der Markthalle finden sich zahlreiche Trödelläden, in denen man antike Möbel und Lampen, Kupferkannen und Emailschilder und allerlei anderen alten Hausrat erstehen kann.

Am schnellsten mit dem Bus oder Taxi erreicht man die **Guinness Brewery** 24, die ihren Anfang nahm, als Arthur Guinness 1759 eine kleine Brauerei aufkaufte und begann, jenen *Porter* zu brauen, der heute weltberühmt ist. Die Brauerei selbst kann nicht besichtigt werden, wohl aber der *Hop Store* (April–Sept. tgl. 9.30–19 Uhr, Okt.–März tgl. 9.30–17 Uhr), ihr Visitor Centre. Dort wird mittels einer Tonbildschau die Brauereigeschichte, das Brauverfahren und das Versandsystem erläutert, an der *Sample Bar* gibt es Kostproben. In den oberen Stockwerken finden Kunstausstellungen statt.

In Irland gehen die Uhren anders: Vor allem wenn es um das irische Nationalgetränk geht, ist keinerlei Eile geboten

35

Dublin – Westlich des Zentrums / Nördlich der Liffey

Noch etwas weiter im Westen und nördlich der Liffey liegt der **Phoenix Park** 25. Mit einer Ausdehnung von mehr als 700 ha ist er einer der größten Stadtparks der Welt. Nach der normannischen Eroberung erhielt der Johanniterorden das Land zum Geschenk, die Krone zog es nach der Reformation aber wieder ein. Im 17. Jh. verlegte der Vizekönig seine Residenz hierher und ließ das Areal ummauern, seit Mitte des 18. Jh. ist die Anlage der Öffentlichkeit zugänglich. Der Haupteingang befindet sich an der Parkgate Street. Gleich dahinter steht zur Linken *Wellington's Monument*, ein 60 m hoher Obelisk, der an die Schlacht von Waterloo erinnert. Rechts liegt der *People's Garden* mit herrlichen Blumenrabatten und Ruhebänken. Auf der mitten durch den Park verlaufenden *Main Road* kommt man zum 1830 eröffneten **Dublin Zoo** (Mo–Sa 9.30–18 Uhr, So 10.30–18 Uhr), dem berühmtesten Teil der Anlage und obendrein drittältesten öffentlichen Zoo der Welt. Er zählt die höchsten Besucherzahlen von allen Dubliner Sehenswürdigkeiten. Vor allem durch die Großkatzen, die hier gezüchtet werden, hat er internationale Anerkennung erlangt. Eine besondere Attraktion ist auch das Tiefsee-Aquarium.

Nördlich der Liffey

Vom Startpunkt *O'Connell Bridge* geht es diesmal in die Gegenden nördlich der Liffey. Hier sind die Sehenswürdigkeiten nicht so dicht gesät wie auf der Südseite. Auf eine Besichtigung ganz zu verzichten, wäre dennoch ein Versäumnis.

Die O'Connell Bridge ist zwar tatsächlich breiter als lang, dass sie aber die breiteste Brücke der Welt ist, glauben nur noch wenige Bewohner Dublins. Sie wurde 1791 während der Zeit von Dublins großem Aufschwung nach Plänen von *James Gandon* gebaut. Zunächst hieß sie *Carlisle Bridge*, später wurde sie zu Ehren des ›Befreiers‹ umbenannt. Schaut man von der Brücke nach Norden, so sieht man sein Denkmal direkt vor sich. Von den Politikern, die in der jüngeren irischen Geschichte eine Rolle gespielt haben, dürfte *Daniel O'Connell* (1775–1847) wohl der populärste sein.

Das flussabwärts gelegene **Custom House** 26 ist eines der eindrucksvollsten Gebäude der Stadt und gilt als das erste der Meisterwerke *James Gandons* (1743–1823). Gandon, ein Engländer mit hugenottischen Vorfahren, war 1781 nach Irland gekommen. Er verstand es, den neoklassizistischen Stil mit Elementen palladianischer Prachtentfaltung anzureichern, ohne seine Bauten pompös wirken zu lassen. Mehr als jeder andere Architekt hat er das Gesicht der Dubliner Innenstadt geprägt. Das *Visitor Centre* des Custom House (März–Okt. Mo–Fr 10–17, Sa/So 14–17 Uhr) zeigt Gandons Werk. Das alte Hauptzollamt, das den Ansprüchen der damals rasch wachsenden Stadt nicht mehr genügte, lag weiter östlich am Wellington Quay. Die

Eines der herausragendsten neoklassizistischen Bauwerke Dublins ist das Custom House. Der Star-Architekt James Gandon entwarf es während der Blütezeit der Stadt, Ende des 19. Jh.

Nördlich der Liffey

Als Wohnviertel geplant, heute Hauptgeschäftsstraße – die O'Connell Street

Kaufleute hatten ein Interesse daran, dass die Schiffe ihre Ladung auch weiterhin bis dorthin, in das kommerzielle Zentrum brachten. Der oberste Steuerbeamte John Beresford jedoch bevorzugte einen Standort so weit flussabwärts, dass auch größere Schiffe ihn noch anlaufen konnten, und hielt den gewählten Bauplatz deshalb lange geheim. Spätestens mit der Grundsteinlegung im August 1781 aber wurden seine Pläne offenbar; es kam zu heftigen Protesten. Bezahlte Schlägertrupps bedrohten die Arbeiter, James Gandon selbst wagte es zeitweise nicht, die Baustelle unbewaffnet zu betreten.

Das Custom House wurde mehrfach stark beschädigt – durch einen Brand im Jahre 1833, vor allem aber während des anglo-irischen Krieges. Nachdem irische Nationalisten die hier beheimateten Archive angezündet hatten, stand das Gebäude mehrere Tage lang in Flammen. Zwar wurde es 1926 restauriert, aber erst durch ein 1986 durchgeführtes, umfassendes Sanierungsprogramm ließen sich die Schäden in der Bausubstanz endgültig beseitigen. Der Zentralbau mit der grünen *Kupferkuppel* ist zum Fluss hin ausgerichtet. Ihn krönt eine 5 m hohe allegorische Figur, die den Handel darstellt. Auch im *Tympanon* der von dorischen Säulen getragenen Vorhalle sind hervorragende Skulpturen zu sehen: Britannia und Hibernia sitzen einträchtig nebeneinander, Neptun bannt die Hungersnot. Statuen, die die Kontinente repräsentieren, zieren den Säulenportikus auf der Nordseite des Zollhauses.

Am halbkreisförmigen *Beresford Place*, dessen Kulisse von der rückwärtigen Fassade des Custom House, einem Bahnübergang und teils moderner Architektur geprägt wird, nimmt die *Gardiner Street* ihren Anfang, in der es zahlreiche Bed & Breakfast-Unterkünfte der unteren Preisklasse gibt. Westlich des Platzes liegt an der Kreuzung mit der Marlborough Street das berühmte **Abbey Theatre** ❷❼ (tgl. 10.30–19 Uhr, Vorstellungsbeginn 20 Uhr). Es wurde 1903 von William Butler Yeats und einigen Freunden als *Irish National Theatre* gegründet. In den folgenden Jahren hatten Stücke der größten irischen Autoren hier ihre Premieren, Werke von John Millington Synge, Sean O'Casey, George Bernard Shaw und von Yeats selbst. Mit seinen Aufführungen – und den Skandalen, die sie hervorriefen – machte das ›Abbey‹

Dublin – Nördlich der Liffey

Theatergeschichte. Doch bedauerlicherweise brannte das Originalgebäude 1951 ab, ein modernes, von Michael Scott entworfenes Theatergebäude, das über zwei Bühnen verfügt, wurde 1966 an derselben Stelle eröffnet. Heute widmet sich das *Abbey* den irischen Klassikern, aber auch der Aufführung von Stücken junger irischer Autoren, letzteres vor allem im *Peacock*, seiner Studiobühne, die unter dem Foyer liegt. Sehenswert ist auch die Porträtsammlung des Theaters.

Ein paar Blocks weiter nördlich steht an der Marlborough Street die neoklassizistische **St. Mary's Pro-Cathedral** ㉘. Sie ist zwar Dublins größte katholische Kirche, sehr ansprechend wirkt sie aber nicht.

Parallel zur Marlborough Street verläuft die **O'Connell Street**, die Hauptschlagader von Dublins Nordseite. Sie wurde Mitte des 18. Jh. von dem Baumeister *Luke Gardiner* angelegt. Nur ein einziges der ursprünglichen Häuser, dasjenige mit der Nummer 42, hat die Zeiten überdauert; es gehört nunmehr zum *Royal Dublin Hotel*. Ein Teil der georgianischen Bauten verfiel in der Folge der Parlamentsauflösung von 1800: Die Bewohner, die der Oberschicht angehört hatten, wanderten damals ab, die Häuser wurden in dunkle Bretterverschläge unterteilt und mussten Dutzende von Familien aufnehmen. Weitere Bauten gingen während des Aufstandes 1916 und im Bürgerkrieg 1922 zugrunde.

Das markanteste Gebäude in der O'Connell Street, von weither zu sehen, ist das **General Post Office** ㉙ mit seinem monumentalen ionischen Vorbau. Als letztes großes Bauwerk der georgianischen Zeit entstand es zwischen 1815 und 1818. Die drei Statuen, die es bekrönen, stellen den Götterboten Merkur, Irland und die Treue dar. Sie wurden von *Edward Smyth* geschaffen, von dem auch ein Teil des Skulpturenschmucks am Custom House stammt. Das G.P.O. ist aber nicht in erster Linie von architektonischer, sondern vor allem von geschichtlicher Bedeutung. Denn hier verlas *Padraig Pearse* am Ostersonntag des Jahres 1916 die Unabhängigkeitserklärung, nachdem er das Postamt zusammen mit anderen Patrioten besetzt hatte. Unter dem Beschuss der englischen Truppen geriet es in Brand, der Widerstand brach innerhalb einer Woche zusammen, die Aufständischen wurden verhaftet und 15 von ihnen – darunter Pearse und Con-

nolly – hingerichtet. Indirekte Folge war der anglo-irische Krieg. Im Jahre 1925 begann man mit der Restaurierung des Hauptpostamtes, 1929 wurde es wieder eröffnet. In der Schalterhalle erinnert seither ein *Denkmal*, das den sterbenden Helden Cú Chulainn aus dem irischen Nationalepos darstellt, an die Toten des Osteraufstandes.

Das herausragendste der Denkmäler, die den breiten Mittelstreifen der O'Connell Street zieren, ist das 1988 anlässlich der 1000-Jahr-Feier Dublins eingeweihte **Anna Livia Milenium Fountain**. Anna Livia, eine Figur aus James Joyces Roman *Finnegan's Wake*, die den Fluss Liffey verkörpert, wird von den Dublinern respektlos *The Floosy in the Jacuzzi* genannt.

Man verlässt die O'Connell Street, indem man gleich neben dem General Post Office in die *Henry Street* einbiegt. Noch vor einiger Zeit war sie eher unansehnlich, nun aber ist sie, wie die Grafton Street, zur Fußgängerzone mit ansprechendem Flair geworden; schicke Läden und Restaurants haben eröffnet, und daran, dass es sich hier traditionell um eine Marktgegend handelt, erinnern nur noch die fliegenden Händler, die lauthals ihre Waren anpreisen. Sehr viel deutlicher hat die **Moore Street** ㉚ ihren Marktcharakter bewahrt. Hier wird vor allem mit Blumen und Obst gehandelt. An ihrem oberen Ende trifft sie auf die Parnell Street, an die einen halben Block weiter rechts der **Parnell Square** ㉛ grenzt. Er wurde ab 1748 angelegt und ist damit nach St. Stephen's Green [s. S. 25] der älteste der großen Plätze in der Dubliner Innenstadt. 1750 wurde, als erste Geburtsklinik Europas, das **Rotunda Hospital** an der Südseite des Platzes gegründet, zu dessen architektonischem Komplex auch das **Gate Theatre** gehört. Seit den 30er-Jahren des 20. Jh. stellt dieses einen gewissen Gegenpol zum Abbey Theatre [s. S. 37] dar, da es vorwiegend Klassiker der europäischen Bühnenliteratur zur Aufführung bringt.

Den nördlichen Teil des Parnell Square nimmt der **Garden of Remembrance** ein. Die Grünanlage wurde 1966 anlässlich der 50-Jahr-Feiern des Osteraufstandes zum Andenken an all jene eröffnet, die ihr Leben für die Freiheit Irlands gelassen haben. Auf dem Mosaikboden des kreuzförmigen Wasserbeckens in der Gartenmitte sind, als Friedenssymbole, zerbro-

Nördlich der Liffey

In der geschichtsträchtigen Atmosphäre des General Post Office wird das Schreiben von Postkarten zum besonderen Erlebnis

chene Waffen dargestellt. Eine Bronzeplastik von den ›Kindern des Lir‹, die einer irischen Sage zufolge in Schwäne verwandelt wurden, überragt das Bassin.

Die **Abbey Presbyterian Church** am Parnell Square North heißt nach ihrem Stifter, einem reichen Kaufmann, auch *Findlater's Church*. Ihr hoher Turm ist von fast allen Stellen der Stadt aus zu sehen. In einem der Backsteinhäuser aus dem 18. Jh. zu ihrer Linken ist seit 1991 das **Dublin Writers Museum** 32 (Jan.–Mai, Sept.–Dez. Mo–Sa 10–17, So/Fei 11–17 Uhr, Juni, Juli, Aug. Mo–Fr 10–18 Uhr) untergebracht. Hier wird den Größen der irischen Literatur die Referenz erwiesen, ihr Werk dokumentiert und interpretiert. Zu diesem Zweck hat man Manuskripte, Erstausgaben, Fotos und Briefe zusammengetragen, eine *Gallery of Writers* mit Büsten und Porträts der berühmten Autoren eingerichtet und einen Buchladen mit ihren Werken eröffnet. Im *Chapter One Restaurant* im Untergeschoss lässt es sich gut essen und hervorragend schmökern, zudem bietet der Museumsbesuch Gelegenheit, eines der georgianischen Wohnhäuser von innen kennen zu lernen.

Direkt an das Schriftstellermuseum schließt sich das *Charlemont House* an, in dem seit 1930 die **Municipal Gallery of Modern Art** 33 (Di–Fr 9.30–18, Sa 9.30–17, So 11–17 Uhr) eingerichtet ist. Die Sammlung geht auf Sir Hugh Lane zurück, in dessen Besitz sich vor allem impressionistische Gemälde befanden. Das Museum wird daher auch als *Hugh Lane Municipial Gallery* bezeichnet und ist häufig unter diesem Namen beschildert. Da Lanes Hinterlassenschaft nicht eindeutig geregelt war, brach nach seinem Tod ein Rechtsstreit zwischen der Tate Gallery in London und der Stadt Dublin aus. Nach vielen Jahren wurde er dahingehend beigelegt, dass jeweils die Hälfte der Gemälde in London, die andere in Dublin hängen soll. Alle fünf Jahre wird gewechselt. Zur ständigen Ausstellung gehören Werke so bedeutender Künstler wie Kokoschka, Utrillo, Bonnard, Courbet, Manet, Monet, Degas, Boudin, Renoir und Picasso. Sehenswert ist auch die Sammlung irischer Kunst des 20. und 21. Jh.

Biegt man nach dem Verlassen der Galerie nach rechts in die Granby Row ab, so stößt man an der nächsten Kreuzung auf das **National Wax Museum** 34 (Mo–Sa 10–17.30, So 12–17.30 Uhr). Neben der Abteilung der Fantasie- und Märchenwesen, der Simpsons, Turtels und des E.T., besitzt es das unvermeidliche Horror-Kabinett, ferner je eine Sektion für die Mega-Stars der Rock- und Popmusik (Elvis Presley, Madonna,

Dublin – Nördlich der Liffey

Michael Jackson etc.) und die wichtigsten Figuren der irischen Geschichte.

Nun setzt sich die Route an dem nicht sehr ansprechenden Straßenzug Dorset/Bolton Street entlang bis zur rechts abzweigenden Henrietta Street fort, an der einst die prächtigsten georgianischen Wohnhäuser Dublins standen. Sie läuft geradewegs auf **King's Inns** ㉟ zu, das letzte von *James Gandon* errichtete große öffentliche Gebäude. Der damals bereits sehr von der Gicht geplagte Meister entwarf es 1795, übertrug aber dann die Fertigstellung seinem Schüler *Henry Aaron Abker*. The King's Inns, die königliche Rechtsschule, war sowohl Ausbildungsstätte als auch Wohnheim für Jurastudenten. Auch heute noch befindet sich hier die größte rechtswissenschaftliche Bibliothek Irlands. Für Besucher ist sie allerdings nicht zugänglich.

Durch den King's Inns Park, die Verlängerung der Henrietta Street, gelangt man zum Constitution Hill, dem man Richtung Süden bis zur Church Street folgt. Hier bietet sich ein kleiner Abstecher in die St. Mary's Lane nach links zum *Dublin Corporation Fruit and Vegetable Market*, einer aus dem 19. Jh. erhaltenen Markthalle, in der man tagsüber das dort herrschende bunte Treiben genießen und sich mit herrlich frischem Obst eindecken kann.

Wieder zurück auf der Church Street, sieht man auf der rechten Straßenseite **St. Michan's Church** ㊱ (März–Okt. Mo–Fr 10–12.30, 14–16.30 Uhr, Nov.–Febr. Mo–Fr 12.30–15.30, Sa 10–12.45 Uhr). Die 300 Jahre alte Kirche, deren Vorläuferin bereits 1095 an dieser Stelle gegründet worden war, ist vor allem für ihre Mumien berühmt. Der Kalkstein in der Krypta hält die Luft so trocken, dass die hier bestatteten Leichname bestens konserviert sind.

Zwei Blocks westlich davon erstreckt sich das *Smithfield Village*. Das ehemalige Kleine-Leute-Viertel wurde in den 90er-Jahren des 20. Jh. saniert. Neben einem Luxushotel, einer Einkaufspassage und 200 Apartments ist hier das **Ceol** ㊲ (Mo–Sa 10–15.30, So 11–15.30 Uhr) entstanden, ein Zentrum für irische Volksmusik, in dem man zeitgemäß mit Hilfe von Computersimulationen alles über irische Musik, irischen Gesang und Tanz erfahren kann.

Unweit davon, in der Bow Street, führt ein gläserner Fahrstuhl auf den zum Aussichtsturm umgebauten Schornstein der **Old Jameson Distillery** ㊳ (tgl. 9.30–17 Uhr). Eine geführte Tour durch die alte Whiskeybrennerei informiert über die Herstellung und Geschichte des irischen Nationalgetränks, an der Bar kann man schließlich das fertige Produkt kosten.

Weiter hügelabwärts liegt am Inns Quay der letzte Besichtigungspunkt des Rundgangs, die **Four Courts** ㊴, wiederum eines der Werke *James Gandons*. 1785 erhielt Gandon vom Vizekönig den

In den ehrwürdigen Hallen des King's Inns wurden einst die Rechtsgelehrten seiner königlichen Majestät ausgebildet

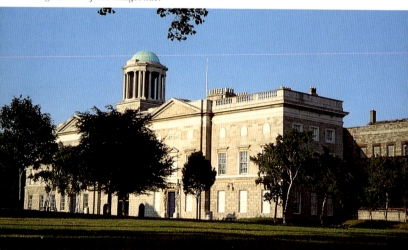

Dublin

Auftrag für ein Gebäude, in dem die vier Gerichtshöfe – Finanz-, Kanzlei-, Zivil- und Oberhofgericht – unter einem Dach vereint sein sollten. Wie bei der Errichtung des Hauptzollamtes [s. S. 36] waren die äußeren Umstände schwierig, doch trotz aller Blockaden und Intrigen konnte Gandon die Arbeiten 1802 abschließen. Dominierende Elemente sind die Kuppel, die auf einem hohen Tambour über der zentralen Halle thront, und der Portikus, der von sechs korinthischen Säulen getragen wird. Auch hier schuf *Edward Smyth* den Skulpturenschmuck: Moses, flankiert von Allegorien der Gerechtigkeit, der Gnade, der Weisheit und der Autorität.

Praktische Hinweise

Tel.-Vorwahl Dublin: 01
Information: Tourist Office, Suffolk Street sowie Dublin Airport und Baggott Street Bridge, (für alle) Tel. 6 05 77 00, Internet: www.visitdublin.com.
Gebührenpflichtige Telefonauskunft zu Veranstaltungen in Dublin (nicht vom Ausland aus anrufbar) Tel. 15 50 11 22 33

Busverkehr

Hinter dem Custom House, in dem Block, der von Beresford Place, Store Street und Amiens Street begrenzt wird, befindet sich die zentrale *Busstation*, von der Busse in alle größeren Städte Irlands sowie zum Flughafen abfahren.

Stadtrundgänge

Unter dem Motto ›*Historical Walking Tours of Dublin*‹ werden regelmäßig Rundgänge veranstaltet, die zu historischen Plätzen führen. Auskünfte, Tel. 8 78 02 27.

›*Dublin Literary Pub Crawl*‹ nennt sich ein Schnellkurs in irischer Literatur. Auf diesem Rundgang lernt man verschiedene Pubs kennen, in denen irische Schriftsteller zu verkehren pflegten. Informationen, Tel. 6 70 56 02.

Hotels

*******The Shelbourne**, 27 St. Stephen's Green, Dublin 2, Tel. 6 63 45 00, Fax 6 61 60 06, Internet: www.shelbourne.ie. Das traditionsreiche Nobelhotel in zentraler Lage ist eines der besten Häuser Irlands.

Auf dem Moore Street Market werden vorwiegend Obst und Gemüse verkauft. Dazwischen preisen fliegende Händler ihre Waren an

*****Mont Clare**, Merrion Square, Dublin 2, Tel. 6 07 38 00, Fax 6 61 56 63, Internet: www.montclarehotel.ie. Ausgezeichnetes Hotel in einem eleganten viktorianischen Gebäude in Zentrumsnähe. Restaurant und Pub im Haus.

*****Temple Bar**, 13–17 Fleet Street, Dublin 2, Tel. 6 77 33 33, Fax 6 77 30 88, Internet: www.towerhotelgroup.ie. Hervorragend ausgestattetes Hotel im restaurierten Bezirk Temple Bar.

*****The Old Dubliner**, 62 Amiens Street, Dublin 1, Tel. 8 55 56 66, Fax 8 55 56 77. Elegant eingerichtetes Guesthouse in einem Gebäude des frühen 19. Jh., nahe der zentralen Busstation.

Tara, 21 St. Lawrence Road, Clontarf, Dublin 3, Tel. 8 53 02 73, Fax 8 53 02 29. Preiswertes Bed & Breakfast auf halbem Weg zwischen Flughafen und Innenstadt.

Restaurants

The Oliver St. John Gogarty, Irish Bar & Restaurant, 57/58 Fleet Street, Temple Bar, Dublin 2, Tel. 6 71 18 22. Traditionelles irisches Essen. Täglich irische Musik, sonntags Brunch und Irish Breakfast.

Davy Byrnes, 21 Duke Street, Dublin 2, Tel. 6 77 52 17. Pub und Restaurant, dessen Spezialitäten Austern, Krabben, frischer und geräucherter Lachs sind.

Die Umgebung Dublins – vor der Haustür der Hauptstadt

Nicht nur Dublin selbst hat zahlreiche Sehenswürdigkeiten zu bieten, auch die Umgebung der Stadt ist mit ihnen gesegnet. Verlässt man das Zentrum der City entlang der Küste in südlicher Richtung, kommt man schon bald durch gepflegte Vororte und vorbei an malerischen Stränden. Man passiert den Fährhafen **Dún Laoghaire**, an dem mancher Urlauber Irlands Boden erstmals betritt, durchquert den hübschen Badeort Dalkey und gelangt schließlich in das direkt am Fuß der **Wicklow Mountains** gelegene Bray. In diesen Bergen gibt es sanfte Täler und enge Schluchten, einsame, mit Heidekraut bewachsene Höhenzüge und bewaldete, von klaren Bächen durchflossene Niederungen. Für die Dubliner Stadtbevölkerung sind sie ein beliebtes **Naherholungsgebiet**. In die Wicklow Mountains eingebettet ist überdies der verträumte Klosterbezirk von **Glendalough**. Auch nördlich Dublins gibt es landschaftlich reizvolle Gegenden, etwa die Halbinsel Howth. Erstaunlich aber ist vor allem die Vielfalt der *Bau- und Kunstdenkmäler*: Jungsteinzeitliche Gräber, bronzezeitliche Kultstätten, frühchristliche Klosteranlagen, mittelalterliche Hochkreuze und normannische Burgen lassen das Herz jedes kulturinteressierten Besuchers höher schlagen.

2 Hill of Tara

Einstiger Sitz der irischen Hochkönige.

Auf den ersten Blick macht der Hill of Tara einen eher unscheinbaren Eindruck. Beim Gang vom Parkplatz über den Friedhof der kleinen **St. Patrick's Church**, in welcher ein **Visitor Centre** (Mai – Juni, Sept. – Okt. 10 – 17 Uhr, Juni – Aug. 9.30 – 18.30 Uhr) eingerichtet ist, sieht man kaum etwas, das auf die geschichtliche Bedeutung dieses Ortes verweist. Was von den historischen Gebäuden und Gräbern übrig blieb, ist mit Gras überwachsen. Erst wenn man auf der Spitze des Hügels angelangt ist, erschließt sich die Atmosphäre der Stätte, denn von hier aus kann man ein riesiges Areal überschauen – bei gutem Wetter sieht man sogar die Berge aller vier Provinzen Irlands.

Geschichte Der besagte Weitblick ist es, der Tara zum Sitz der Hochkönige werden ließ. Wer hier thronte, dem lag das Land zu Füßen, der beherrschte es.

Vermutlich befand sich auf dem Hügel bereits in der irischen Frühzeit eine Kultstätte – archäologisch nachgewiesen ist sie nicht. Gesichert ist, dass hier in der Bronzezeit Bestattungen durchgeführt wurden. Nach der Ankunft der Kelten übernahmen deren Priester, die Druiden, den Kultbetrieb. Einzelne Herrscherpersönlichkeiten werden erst in den nachchristlichen Jahrhunderten historisch fassbar. Spätestens im 3. Jh. erlangte der Ort auch politische Bedeutung: König *Conn Ceadchathach*, der den Thron 35 Jahre lang innehatte, unterstrich seine zentrale Rolle dadurch, dass er Straßen bauen ließ, die, aus verschiedenen Teilen seines Reiches kommend, in Tara zusammenliefen. Sein Nachfolger *Cormac Mac Airt* war ein König von so heroischem Ruf, dass er gut das Vorbild für König Arthus hätte abgeben können. Unter seiner Herrschaft erlebte Tara ein Hofleben von bis dahin nicht gekanntem Glanz. Ihm folgten etwa 140 weitere Regenten, darunter auch der Hochkönig *Laoghaire*, den der hl. Patrick im 5. Jh. – vergeblich – zu bekehren versuchte. Als sich das Christentum dennoch ausbreitete, verlor die Stätte an Bedeutung. Ihren Symbolcharakter aber behielt sie: Im

Die Wicklow Mountains südlich von Dublin haben zahlreiche stimmungsvolle Landschaften zu bieten

Die Umgebung Dublins – Hill of Tara

Der Grabhügel der Geiseln gehört zu den ältesten Anlagen auf dem Hill of Tara

Jahre 1002 empfing der Hochkönig *Brian Ború* hier die Huldigungen seiner Unterkönige – und noch 1843 wählte *Daniel O'Connell* Tara als Schauplatz einer Veranstaltung, bei der er vor 1 Mio. Zuhörern sprach.

Besichtigung Die Gebäudefragmente liegen ohne erkennbare Ordnung auf dem Hügel verstreut. Eine besondere Bedeutung besaß wohl die **Banquet Hall**, deren Überreste nordöstlich der St. Patrick's Church noch die einstigen Ausmaße erkennen lassen: Mit 210 m Länge und 27 m Breite war sie das größte Holzbauwerk auf den gesamten Britischen Inseln. Beschreibungen und Grundrisse der Halle, vor allem aber Schilderungen der Feiern, die in ihr stattfanden, sind im *Book of Leinster* aus dem 12. Jh. überliefert. Diesen Aufzeichnungen zufolge bot die Bankketthalle etwa 1000 Personen Platz. Alle drei Jahre war sie Mittelpunkt eines großen Festes, des *Feis,* zu dem Bauern und Edelleute, Krieger und heilige Männer, Musiker und Zauberkünstler geladen waren, um sechs Tage lang das Lob des Königs zu singen, religiöse Zeremonien abzuhalten – und sich einem durchaus weltlichen Treiben hinzugeben.

Den gesamten oberen Bereich des Hügels, nordwestlich der Kirche, nimmt mit seinem etwa 350 mal 270 m messenden, von einem Graben umgebenen Oval das **Fort of Kings** ein. Es umschließt das *Cormac's House*, das Haus des Königs, eine *Royal Seat* genannte Versammlungsstätte und den *Mound of the Hostages* (Grabhügel der Geiseln). Von Cormac's House und vom Royal Seat ist lediglich bekannt, dass es sich ursprünglich um Holzkonstruktionen handelte. Außer flachen runden, von Gräben umgebenen Hügeln blieb jedoch nichts erhalten. Die moderne **Statue of St. Patrick** erhebt sich heute im Zentrum des Hauses des Königs. Der daneben liegende Stein ist möglicherweise der einstige **Coronation Stone** (Krönungsstein), auf dem der König während der Zeremonie stand. Unter dem *Mound of the Hostages* fanden Archäologen die Überreste von 40 Toten sowie bronzezeitliche *Grabbeigaben* – Schmuck, Waffen und Keramikgefäße aus der Zeit um 1400 v. Chr. Ihren Namen verdankt die Bestattungsstätte dem allerdings erst später belegten Brauch der Könige von Tara, sich die Loyalität lokaler Fürsten dadurch zu sichern, dass man ihre Söhne als Geiseln hielt.

Südlich des großen Ovals erkennt man die Reste einer weiteren Anlage, die **Laoghaire's Fort** genannt wird. Im Norden des Geländes liegt der Grabhügel **Grainne's Fort**. Dessen Überbleibsel erinnern an die tragische Liebesgeschichte von Grainne, der Tochter König Cormacs, die zwar in eine politische Eheschließung eingewilligte, dann aber mit dem jungen Diarmuid das Weite gesucht hatte.

Im **Fort of the Synods**, einem Bauwerk aus christlicher Zeit, hielten die Heiligen *Patrick, Brendan* und *Rúadhán* Versammlungen ab, möglicherweise nahmen die christlichen Hochkönige hier auch religiöse Aufgaben wahr. Es schließt an den Friedhof an, der die St. Patrick's Church umgibt und auf dem das **Adamnáns Cross** steht. Der Stein ist zwar nach einem Schüler des hl. Columcille benannt, es könnte sich bei ihm je-

44

doch ebenso um einen vorchristlichen Kultstein handeln.

Praktische Hinweise

Tel.-Vorwahl Tara: 046

Hotel
Seamrog, Mrs. Joan Maguire, Tel. 2 52 96. Preiswertes Bed & Breakfast mit familiärer Atmosphäre.

3 Slane

Hübsches Dorf mit den nahe gelegenen Ruinen einer Franziskanerabtei.

Auf der N 51 von Navan kommend, erreicht man zuerst westlich des am Ufer des River Boyne gelegenen Ortes das 1785 erbaute **Slane Castle**. Da 1991 ein Feuer großen Schaden an der Burg verursachte, sind für Besucher jedoch nur noch ihre Gärten zugänglich. Das ›Ortszentrum‹ von Slane ist eine Kreuzung, an deren Ecken je ein georgianisches Haus steht. Eine örtliche Legende berichtet, die Gebäude seien für vier Schwestern errichtet worden, die sich nicht leiden konnten, aber das Bedürfnis verspürten, sich gegenseitig nicht aus den Augen zu lassen. Von größerer historischer Bedeutung als das kleine Dorf und die neogotische Burg ist der **Hill of Slane**. Der Hügel ist von Tara aus gut zu sehen, und es ist mehr als wahrscheinlich, dass zwischen den beiden Erhebungen in vorchristlicher Zeit eine kultische Verbindung bestand. Das dürfte den hl. Patrick

Der heilige Patrick

*Ob Padraigh, Paddy oder Pat – in jedem Fall hat der hl. Patrick Pate gestanden, der Mann, der das **Christentum** nach Irland brachte. Dabei ist weder sicher, dass er der Erste war, der versuchte, die neue Religion auf der Insel zu verbreiten, noch ist bewiesen, dass es wirklich das Jahr 432 war, als er auf ihr ankam.*

*Soweit bekannt, stammte er aus Britannien und war der Sohn eines römischen Zivilbeamten. Ob er bereits getauft war, als ihn Piraten im Alter von 15 Jahren nach Irland verschleppten, ist unklar. Sechs Jahre lang war er hier als **Viehhirte** tätig, ehe ihm die Flucht gelang. Nachdem er sich in Gallien zum Geistlichen ausbilden und zum **Bischof** hatte weihen lassen, kam er gegen 432 zurück und nahm – mit großem Erfolg – seine Missionstätigkeit auf.*

*Etwa zwei Jahrhunderte nach seinem Wirken begannen sich Legenden um ihn zu ranken. Sie berichten von **Wundertaten**, von Auseinandersetzungen mit den Druiden und davon, wie er diese mit ihren eigenen Mitteln schlug. Tatsächlich scheinen die Iren scharenweise zu ihm übergelaufen zu sein. Wahrscheinlich kannte Patrick die keltische Religion recht gut und ließ zu,* *dass viele ihrer Elemente in die christlichen Riten der irischen Kirche übernommen wurden. Auffallend ist, dass die Neugetauften oft eine starke Neigung zur büßenden Askese zeigten – ein Zug, der sich bis heute bei vielen Iren erhalten hat. Ausdruck findet er vor allem bei Wallfahrten, z.B. auf den **Croagh Patrick**, den heiligen Berg Irlands.*

*Aber nicht überall fand der Heilige Anklang. **Tara** etwa nannte er einen ›Ort der finstersten Abgötterei und des Druiden-Kults‹. Dort wurden, ebenso wie auf den umliegenden Hügeln, zu bestimmten Anlässen Feuer entzündet. Als Patrick auf dem Hügel von Slane in der Nacht vor dem offiziellen Frühlingsanfang seinerseits ein Osterfeuer entfachte, war das ein Tabubruch und eine Herausforderung an den regierenden Hochkönig **Laoghaire**. Doch Patricks Mut wurde belohnt: Der gesamte Hof ließ sich taufen, nur Laoghaire selbst verweigerte sich der Bekehrung.*

Nachhaltige Auswirkungen hatte die Mission des irischen Nationalheiligen auch im Ausland. Seine Nachfolger, die iro-schottischen Mönche, christianisierten Britannien und gründeten zahlreiche Klöster auf dem Kontinent. Die bekanntesten sind das schweizerische St. Gallen und das italienische Bobbio.

Die Umgebung Dublins – Slane/Newgrange, Knowth und Dowth

veranlasst haben, hier das erste *Osterfeuer* zu entzünden. Später errichtete er auf dem Hügel eine Kirche, aus der sich nach seinem Tod unter der Leitung des hl. Erc ein **Kloster** entwickelte. Als Slane, das bis ins 12. Jh. Bischofssitz war, diesen Rang verlor, verfiel das Kloster. Im 16. Jh. gründete *Sir Christopher Flemmyng* an seiner Stelle ein Kollegiatsstift. Der Hill of Slane liegt etwa 1 km nördlich des Ortes links der N 2. Die kleine Straße, die auf ihn hinaufführt, endet an einem Parkplatz, von dem aus die Überreste des franziskanischen Stiftes zu sehen sind. Bei gutem Wetter lohnt die herrliche Aussicht über das Boyne-Tal einen Aufstieg auf den Turm, bei Regen ist davon eher abzuraten, zumal die Treppe dann nass und rutschig ist.

Praktische Hinweise

Tel.-Vorwahl Slane: 041

Hotel

Boyne View, Mrs. Hevey, Tel. 9 82 41 21. Bed & Breakfast nahe den prähistorischen Stätten des Boyne Valley.

Die Spiralmuster auf dem Granitblock vor dem Ganggrab von Newgrange geben den Archäologen nach wie vor Rätsel auf

4 Newgrange, Knowth und Dowth

Das Boyne Valley ist der Überlieferung zufolge der Friedhof der Könige von Tara. Tatsächlich sind die Grabanlagen jedoch viel älter.

Vor fast 5000 Jahren blühte im Tal des Boyne eine Kultur, deren faszinierendste Hinterlassenschaft die Ganggräber von Newgrange, Knowth und Dowth sind. Über Herkunft, Leben und Religion der Erbauer dieser Gräber ist kaum etwas bekannt. Vermutlich waren es Bauern und Viehzüchter, die jedoch bereits einen hohen Grad der Spezialisierung erreicht hatten. Spätere keltische Bewohner des Boyne Valley hielten die Gräber für das Werk ihres Gottes Dagda und seiner Söhne und behandelten sie weiterhin als Kultstätten. Auch in der Bronzezeit waren in ihrer Nähe Angehörige adeliger Familien bestattet worden. In Überlieferungen, die auf diese Zeit zurückgehen, wird die Gegend um Newgrange *Brú na Bóinne*, ›Friedhof der Hochkönige‹, genannt. Auf dem gesamten Areal, das sich über 3 km an der Boyne entlangzieht, sind heute mindestens 25 Grabhügel nachgewiesen. Newgrange, Knowth und Dowth sind die größten von ihnen.

Dank ihrer Ausmaße gerieten die Anlagen nie in Vergessenheit und fielen

Newgrange, Knowth und Dowth

Eindrucksvolle Hinterlassenschaft der ›Boyne Valley Culture‹: Der monumentale Grabhügel von Newgrange ...

auch Plünderern ins Auge. Vermutlich wurden die Grabbeigaben im 9. oder 10. Jh. von Wikingern geraubt. Eine Legende jedenfalls berichtet, dass sich der vorher mit ihnen verbündete König von Tara, *Aed Finnliath*, blutig dafür rächte, dass sie die sagenumwobenen Gräber geöffnet und sich an den Beigaben zu bereichern versucht hatten.

Nur im Rahmen von Führungen durch das Brú na Bóinne Visitor Centre ist die Besichtigung von **Newgrange** (Okt.–April 9.30–17 Uhr, Mai–Sept. 9–18.30 Uhr, letzte Führung 1½ Std. vor Schließung) möglich.

Der heute sichtbare *Grabhügel* bietet nach der Restaurierung in den 70er-Jahren des 20. Jh. wieder in etwa den ursprünglichen Anblick. Er liegt an einem Hang, der zur Boyne hin abfällt, ist 11 m hoch und hat einen Durchmesser von 80 m. Die weißen Quarzsteine an seiner

...birgt in seinem Inneren eine Grabkammer. Ihre ausgereifte Bautechnik hielt Feuchtigkeit ab und gewährleistete gleichmäßige Belüftung

Die Umgebung Dublins – Newgrange, Knowth und Dowth / Mellifont Abbey

Astrologie der Steinzeit

Die archäologische Untersuchung des Hügelgrabes von **Newgrange** *erbrachte eine überaus erstaunliche Erkenntnis: Alljährlich am 21. Dezember, also am kürzesten Tag des Jahres, fallen die Strahlen der aufgehenden Sonne durch die* **Roof box** *direkt in die Grabkammer und erleuchten sie für 17 Min. Einst traf das Strahlenbündel mit* **Millimetergenauigkeit** *auf die in die Steinplatte am rückwärtigen Ende der Kammer eingeritzten Spiralmuster – inzwischen ist durch die nicht ganz gleichmäßige Drehung der Erdachse eine kleine Abweichung eingetreten.*

Auch wenn der **Strahleneinfall** *im Rahmen der Führung mit elektrischem Licht nachvollzogen wird, ist dies ein beeindruckendes Erlebnis. Es macht deutlich, wie exakt die Architekten der Boyne Valley Culture* **Himmelsbeobachtungen** *baulich umzusetzen verstanden. Allein diese technischen Fertigkeiten, die dazu nötig waren, lassen darauf schließen, wie hoch entwickelt die Kultur war.*

Vorderfront wurden bereits vor fünf Jahrtausenden aus den zirka 80 km entfernten Wicklow Mountains hierher gebracht. Quer vor dem Eingang liegt ein *Granitblock*, der mit Spiralen- und Rautenmustern bedeckt ist; deren Bedeutung ist bis heute ein Rätsel.

Vom Eingang aus führt ein 20 m langer, leicht ansteigender Gang zur Grabkammer. Über den vorderen Decksteinen des Ganges wurde 1963 die sog. *Roof box* entdeckt, eine von Steinblöcken umrahmte Öffnung. Diese Konstruktion – soweit bekannt die einzige ihrer Art – ist 1 m breit und 90 cm hoch. Wer bis zur *Grabkammer* vorgedrungen ist, kann auch hier das architektonische Können der Steinzeitmenschen bewundern. Die Kammer ist kreuzförmig, in Kragbauweise errichtet und oben mit einer Deckplatte abgeschlossen. Diese Konstruktion hat nicht nur 5000 Jahre überdauert, sondern auch nie Wasser eindringen lassen. An den Wänden finden sich in den Stein eingeritzte Rauten- und Spiralmuster.

Nur wenige Kilometer entfernt liegt der Grabhügel von **Knowth**. Auch dieser kann nur im Rahmen von Führungen durch das Visitor Centre besichtigt werden (Mai – Okt.), allerdings nur von außen. Dabei sind vor allem die Spuren von Interesse, die von den verschiedenen Bewohnern über die Jahrtausende hinweg zurückgelassen wurden. Auch Knowth wurde ab 1962 untersucht; dabei fand man im Inneren des Hügels zwei Ganggräber und in seiner Umgebung weitere 17 von kleineren Ausmaßen. Der archäologische Befund ergab, dass der Hügel von Knowth in vier verschiedenen Perioden zwischen der neolithischen Epoche und der Zeit der Normannen als Kult- und Wohnstätte diente.

Der Grabhügel von **Dowth** hat einen Durchmesser von 85 m und ist 15 m hoch; die Stätte ist bislang nicht zugänglich, der Hügel allenfalls von der Straße aus zu betrachten. Er stammt aus derselben Zeit wie diejenigen von Newgrange und Knowth, das heißt, auch er ist älter als die ägyptischen Pyramiden!

5 Mellifont Abbey

Ruinen eines bedeutenden Zisterzienserklosters in ruhiger, bewaldeter Umgebung.

Mellifont Abbey spielt unter den Klöstern Irlands eine herausragende Rolle. Es entstand 1142 als erste Zisterzienserabtei auf irischem Boden und war in den folgenden 150 Jahren in geistiger wie architektonischer Hinsicht das Vorbild für weitere 35 Klöster des Ordens auf der ganzen Insel. Die Abtei kam dank der großzügigen Spenden zahlreicher weltlicher Würdenträger zu großem Reichtum. Doch schon in der 2. Hälfte des 13. Jh. erlebte der gesamte Orden einen Niedergang. Im 15. Jh. wurde das Kloster dann mehrfach geplündert und 1539 schließlich aufgelöst.

Vom **Kloster** und der **Abteikirche** (Mai – Mitte Juni tgl. 10 – 17 Uhr, Mitte Juni – Mitte Sept. 9.30 – 18.30 Uhr, Mitte Sept. – Ende Okt. 10 – 17 Uhr; Führungen auf Wunsch) sind im Wesentlichen Fundamente erhalten. Sie lassen aber immerhin den Plan erkennen, dem man bei der Anlage von ›Fons mellis‹ (Mellifont), der ›Honigquelle‹, und fortan bei allen irischen Zisterzienserklöstern des 12. Jh. folgte. Zentraler Bauteil ist ein rechteckiger, von einem Kreuzgang umgebener *Hof*, an den sich im Norden die Kirche und im Osten der Speisesaal, die Küche und die Schlafsäle anschließen. Der einst hier vorherrschende gotische Baustil lässt sich am besten an den Ruinen des Kapitelhauses und des Lavabo ablesen.

Das **Kapitelhaus**, das östlich an das Refektorium grenzt, entstand im 14. Jh. als letzter Bauabschnitt von Mellifont. Zu sehen sind noch das Kreuzrippengewölbe und die Pfeiler des Portals. Außerdem werden in dem Gebäude verschiedene, in Mellifont vorgefundene Architekturfragmente aufbewahrt. Das **Lavabo**, der Waschraum, ist der am besten erhaltene und zu Recht berühmteste Teil der ehemaligen Abtei. Er liegt im Zentrum des Komplexes, dessen Atmosphäre von der Natur rundum bestimmt ist, die die Stätte zugleich ganz vereinnahmen zu wollen scheint.

6 Monasterboice

Abgelegener Klosterbezirk mit einem der berühmtesten irischen Hochkreuze.

Hauptattraktion von Monasterboice ist das mit prachtvollen Reliefs verzierte *Muiredach's Cross,* das sich auf dem Friedhof der Klosterruine zusammen mit weiteren Hochkreuzen erhebt.

Geschichte Die frühesten Quellen, die Aufschluss über das Kloster geben, stammen aus dem Jahr 759. Ihnen zufolge hieß sein Gründer *Buite*, latinisiert *Boecius*. Er war der Spross einer adeligen Familie und starb 520. Das *Monasterium Boeci* dürfte demnach im frühen 6. Jh. entstanden sein. Buite soll zahlreiche Kranke geheilt, Blinde sehend gemacht und sogar Tote auferweckt haben. Nach seinem eigenen Tod führten andere Mönche das Kloster weiter; große Bedeutung als Ort der Studien und der Lehre erlangte es allerdings nie. Wiederholt wurde es von den Wikingern überfallen und seiner Reichtümer beraubt. Als aber die Dänen Mitte des 9. Jh. den nur 15 km entfernten Hafen *Annagassan* gründeten, scheint dies allerdings keine Bedrohung dargestellt zu haben – wahrscheinlich bekannten sich viele der ehemaligen Feinde inzwischen zum Christentum. Der irische Hochkönig *Domhnall* verwüstete Monasterboice im Jahr 969 und verbrannte dabei laut einer Chronik auch 300 ›Fremde‹ – vermutlich wikingische Mitglieder der Mönchsgemeinde.

Zwar wurde der Klosterbetrieb nach der Jahrtausendwende noch einmal aufgenommen, die Blütezeit aber war vorüber. 1122 wurden die letzten Gebäude verlassen.

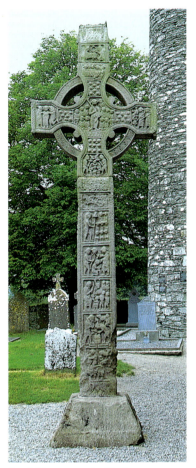

Das Bildprogramm des Westkreuzes von Monasterboice gewährt Einblicke in die mittelalterliche Glaubenswelt

Besichtigung Der Klosterbezirk von Monasterboice ist leicht überschaubar. Der Rundturm und die Ruinen der beiden Kirchengebäude springen dem Besucher nach dem Betreten des Geländes sofort ins Auge. Der Hauptanziehungspunkt, **Muiredach's Cross**, ist nicht zu übersehen. Dieses Kreuz markiert einen der Höhepunkte der Reliefkunst des 10. Jh. Neben den figürlichen Darstellungen enthält es mehr als zwei Dutzend verschiedener Ornamente im iro-wikingischen Stil. Sein Name leitet sich von der – offensichtlich erst nach Fertigstellung des Kreuzes – in die Basis

Die Umgebung Dublins – Monasterboice

Hochkreuze

Die irischen Hochkreuze gehören zu den bedeutendsten Werken der christlichen Kunst. Über 100 sind – zumindest in Bruchstücken – erhalten. Obwohl ihr **Ursprung** *noch immer Rätsel aufgibt, ist eine Verbindung zu den Kelten nicht auszuschließen, denn auch sie hatten zu kultischen Zwecken Steinmale aufgestellt. Vermutlich wurden diese später mit Kreuzsymbolen versehen und christlich umgedeutet, schließlich gar insgesamt in Kreuzform gebracht.*

Besonderes Merkmal der Hochkreuze ist der **Kreis** *um den Schnittpunkt von Schaft und Armen. Einer Theorie zufolge soll er aus dem keltischen* **Sonnensymbol** *hervorgegangen sein. Eine zweite Theorie besagt, dass es sich bei dem Ring lediglich um eine* **Stütze** *der Kreuzarme handelte, die nötig gewesen war, solange die Kreuze noch aus Holz hergestellt wurden; bei der Umsetzung in Stein sei die Kreisform dann mit übernommen worden. Eine dritte Forschermeinung stellt einen Zusammenhang mit koptischen Kreuzen her, die einen ähnlichen Kreis aufweisen, manche von ihnen haben zudem eine Basis, die sich nach oben hin verjüngt und den Berg Golgatha darstellen soll. Dieselbe konische Form findet sich auch bei den Sockelsteinen der irischen Hochkreuze.*

Die ältesten Hochkreuze stammen aus dem 8. Jh. und sind vorwiegend mit Spiralen und Flechtwerkmustern verziert. Figürliche Darstellungen von Menschen und Tieren sind in dieser frühen Zeit noch selten. Ab dem 9. Jh. jedoch treten **Illustrationen** *biblischer Szenen auf, im 10. Jh. wird ein großer Teil der Kreuzoberfläche mit Feldern bedeckt, die Reliefs alt- und neutestamentarischer Themen enthalten. Fantasievolle* **Flechtmuster** *schmücken die übrigen Flächen.*

Die Hochkreuze aus dem 12. Jh. unterscheiden sich stark von den früheren. Der Kreuzring wird kleiner oder verschwindet ganz, die **Figuren**, *nun nicht mehr von Vierecken umrahmt, sind im Hochrelief ausgeführt, die Ornamentierung tritt gegenüber der Wiedergabe von Personen deutlich in den Hintergrund.*

gemeißelten Inschrift ›OR DO MUIREDACH LASNDERNAD I CHROS‹ her, zu Deutsch: ›Ein Gebet für Muiredach, von dem dieses Kreuz gemacht wurde‹. Vermutlich war Muiredach ein Abt des Klosters.

Das Kreuz ist 5,30 m hoch, aus einem einzigen Stein hergestellt und enthält neben alt- und neutestamentarischen Bildthemen auch Figuren und Symbole, die nicht der christlichen Ikonographie entsprechen und heute nicht mehr entschlüsselt werden können.

Jeweils von unten nach oben betrachtet, ist auf den vier Seiten des Kreuzes Folgendes erkennbar: Auf der **Westseite** des Sockels sind ein Widder und eine Krabbe dargestellt. Darüber treten zwei Katzen plastisch hervor, eine mit einem Jungen, die andere mit einem Vogel in den Vorderpfoten. Das *erste Bildfeld* auf dem Kreuzschaft zeigt die Gefangennahme Jesu im Garten Gethsemane. In der Mitte des folgenden Reliefs steht Christus mit der zum Segen erhobenen Hand, neben ihm der ungläubige Thomas und eine nicht identifizierbare Figur. Im *dritten Feld* thront der auferstandene Jesus, der Paulus das Buch des neuen Gesetzes und Petrus die Schlüssel des Himmelreichs übergibt. Zu seinen Füßen liegt der Kopf des Satans. *Zentrales Bildmotiv* der Westseite ist die Kreuzigung Christi. Die Szenen auf den Armen des Kreuzes lassen sich nicht mehr eindeutig zuordnen. Im *obersten Feld*, das seinen Abschluss in einem steinernen Schindeldach findet, stützen Aaron und Hur den mit erhobenen Händen betenden Moses.

Auf der **Ostseite** von Muiredach's Cross sind die Figuren dichter gedrängt. Auch hier ist der *Sockel* Darstellungen von Tieren vorbehalten. Sie können als Stier, Löwe und Ziege identifiziert werden. Der folgende schmale Streifen dürfte zwei miteinander spielende Tiere zeigen. Im *untersten Bildfeld* verführt Eva unter dem Baum der Erkenntnis Adam mit dem Apfel. Neben ihnen erschlägt Kain seinen Bruder Abel mit einer Axt. Das darüber liegende Relief zeigt rechts David und den vor ihm knienden Goliath, der in der einen Hand Schwert und Schild hält und mit der anderen seine Stirnwunde betastet. Links sieht man den sitzenden Saul mit einem Trinkhorn und den mit Schild und Schwert bewehrten Jonathan. Im *dritten Bildfeld* schlägt Moses vor einer Versammlung staunender Menschen Wasser aus dem Fels. Das Relief

Monasterboice

Biblische Szenen in Stein – eine der zentralen Szenen auf Muiredach's Cross ist das Jüngste Gericht mit der monumentalen Christusfigur im Schnittpunkt der Kreuzarme

darüber gibt eine Szene aus dem Neuen Testament wieder: die Heiligen Drei Könige – und wahrscheinlich einen Engel – bei der Anbetung des Jesuskindes, das von der sitzenden Maria im Arm gehalten wird. Eine Schilderung des Jüngsten Gerichts nimmt den Platz im *Schnittpunkt* der Kreuzarme ein. Christus als Weltenrichter mit Kreuz und Zepter steht im Zentrum des Geschehens. Über seinem Kopf schwebt eine Taube, darüber flankieren zwei Engel eine sitzende Figur, die ein Buch in Händen hat – vermutlich eine Aufzeichnung der guten und schlechten Taten der Menschheit. Zu Füßen Jesu durchbohrt der Erzengel Michael den Satan, der seinerseits die Waage der Gerechtigkeit zu ergreifen versucht. Zur Rechten des Weltenrichters – für den Betrachter also links – führen musizierende Engel die Seligen zu Christus, die Verdammten auf dem anderen

51

Die Umgebung Dublins – Monasterboice / Malahide Castle

Kreuzarm aber werden von Teufeln mit einem Dreizack und mit Fußtritten in die Hölle getrieben. Den *oberen Abschluss* der Ostseite bildet ein Relief mit den Heiligen Antonius und Paulus von Theben in der Wüste.

Weniger bilderreich sind die beiden Schmalseiten des Muiredach's Cross, den Kreuzstamm zieren hier geometrische und Flechtbandornamente. Auf der **Nordseite** ist außerdem im Zentrum einer Aureole eine ›Hand Gottes‹ zu erkennen, darüber sieht man die Geißelung Christi, ganz oben sind die Heiligen Paulus und Antonius dargestellt. Die beiden Bildfelder auf der **Südseite** zeigen Pontius Pilatus, der seine Hände in Unschuld wäscht, und die Flucht nach Ägypten.

Nahe der Nordkirche steht das etwas jüngere **Westkreuz** aus dem späten 10. Jh. Mit seinen fast 7 m Höhe ist es das größte aller irischen Hochkreuze – und eines der künstlerisch wertvollsten. Allerdings ist es stark beschädigt: einerseits durch die Verwitterung, zum anderen, weil von seinem Schaft immer wieder kleine Stückchen abgeschlagen wurden; man sagte dem Kreuz – also auch Fragmenten davon – eine besondere Heilkraft nach. Vor allem der untere Teil hat stark gelitten. Von den Szenen besonders hervorzuheben ist die Himmelfahrt Christi auf der Ostseite, der elf Apostel beiwohnen – Judas Ischariot wurde weggelassen. Auf dem linken Kreuzarm ist die Gefangennahme Jesu im Garten Gethsemane zu sehen, auf dem rechten der Erzengel Michael, der den Satan besiegt.

In der Nordostecke des Areals schließlich befindet sich, von einem niedrigen Geländer umzäunt, das **Nordkreuz**. Auf ihm sind eine Kreuzigungsszene und eine hauptsächlich aus Spiralmustern bestehende Ornamentierung zu erkennen. Der originale Schaft des ursprünglich knapp 5 m hohen, sehr schlichten Kreuzes wurde erneuert. Die granitene **Sonnenuhr** daneben diente zur Festlegung der Zeiten für Messen und bestimmte Gebete. Unter dem eigentlichen ›Zifferblatt‹ sind zwei Kreuze eingeritzt, darunter eine kleinere, kreisrunde Marke. Dem Volksglauben zufolge kann man sich durch Reiben an dieser Stelle von Warzen befreien. Weder die Nord- noch die Südkirche sind von großer kunstgeschichtlicher Bedeutung. Die **Nordkirche** wurde um 1300, also nach der Auflösung von Monasterboice, als Pfarrkirche errichtet. Die

ältere **Südkirche** dagegen dürfte noch zur Klosteranlage gehört haben. Ein Hinweis darauf ist das steinerne Becken, das nahe dem Eingang im Kircheninneren steht. Solche *Bullauns* (›kleine Schüsseln‹) wurden von den Mönchen als Weihwasserbecken benutzt, vielleicht auch zum Mahlen von Heilkräutern. Da sie meist an frühchristlichen Stätten gefunden wurden, liegt die Vermutung nahe, dass sie bereits bei heidnischen Riten Verwendung fanden.

Der etwa 1000 Jahre alte **Rundturm** neigt sich leicht zur Seite; offensichtlich hat sich der Untergrund bereits während des Baus gesenkt, denn im Mauerwerk ist eine Stelle erkennbar, die die Neigung ausgleicht. Der Turm, heute noch knapp 34 m hoch, erreichte einst eine Höhe von etwa 40 m und war damit möglicherweise der höchste Rundturm Irlands. Die Klosterannalen berichten von seiner Brandschatzung im Jahre 1097. Ob das konische Dach bei dieser Gelegenheit eingestürzt ist oder später durch Blitzschlag zerstört wurde, ist nicht geklärt.

7 Malahide Castle

Ehemaliger Familiensitz der Talbots mit original erhaltener mittelalterlicher Halle.

Von 1174, dem Jahr, in dem König Heinrich II. den Talbots das Land von Malahide übertrug, bis 1976 war das Schloss – mit einer kurzen Unterbrechung während des Cromwellschen Feldzuges – im Besitz der Familie Talbot, dann verkaufte es die letzte Erbin an das *Dublin County Council*.

Die ältesten Teile des Malahide Castle (April–Okt. Mo–Sa 10–17, So/Fei 11 –18 Uhr, Nov.–März Mo–Fr 10–17, Sa/So/Fei 14–17 Uhr; Führungen auch in Deutsch) sind ein **Turm** und die **Große Halle**, aus dem 14. bzw. 15. Jh. Während der Turm viele Umbauten erfuhr, hat die Halle ihr mittelalterliches Aussehen über die Jahrhunderte hinweg bewahrt. Die Gemälde, die heute ihre Wände zieren, gehören zur Porträtsammlung der Nationalgalerie. Im **Oak Room**, einem kunstvoll getäfelten Turmzimmer, ist über dem Kamin ein flämisches Gemälde aus dem 16. Jh. zu sehen – eine Madonna, die der

Malahide Castle (**oben**) *mit seinen romantischen Gemäuern und dem idyllischen Schlosspark* (**unten**) *ist ein beliebtes Ausflugsziel* ▷

Malahide Castle

Die Umgebung Dublins – Malahide Castle / Dun Laoghaire / Glendalough

Familienlegende zufolge Malahide immer zusammen mit den Talbots verließ und wunderbarerweise jedes Mal wieder mit ihnen zurückkehrte.

Im Schloss untergebracht ist auch das **Fry Model Railway Museum** (April – Okt. Mo – Sa 10–13 und 14–17, So 14–18 Uhr, Nov. – März tgl. 14–17 Uhr) mit einer Sammlung von Modelleisenbahnen.

Praktische Hinweise

Tel.-Vorwahl Malahide: 01

Hotels
**Island View, Coast Road, Tel. 8 45 00 99, Fax 8 45 14 98, Internet: www.islandviewhotel.ie. Familienbetriebenes Hotel mit Blick auf den Strand.

Heather View, Mrs. und Mr. Halpin, Malahide Road, Tel. 8 45 34 83, Fax 8 45 38 18. Modernes Bed & Breakfast unweit vom Malhide Castle.

8 Dun Laoghaire

Ein Hafenort und der Turm eines berühmten Schriftstellers.

Dun Loaghaire (›Dan liri‹ gesprochen) war immer in erster Linie Hafenstadt. Als solche erhielt sie bereits 1834 eine Schienenverbindung mit Dublin. Während es früher die Ankunft des Postschiffs war, der man erwartungsvoll entgegensah, hat heute die Fähre von und nach Holyhead die größte Bedeutung. Darüber hinaus ist Dun Laoghaire einer der wichtigsten Jachthäfen Irlands. Die frühere **Mariner's Church** beherbergt ein kleines Museum, das der maritimen Tradition des Ortes Rechnung trägt; ausgestellt sind Boote sowie Modelle von berühmten Schiffen.

Für literarisch Interessierte hat jedoch ein anderes, nicht weit von Dun Laoghaire gelegenes Ziel vorrangige Bedeutung: **Joyce's Tower** (April – Okt. Mo – Sa 10–13, 14–17 Uhr, So/Fei 14–18 Uhr) in Sandycove, etwa 1 km südlich des Hafens. Er ist einer der sog. *Martello-Türme,* die Anfang des 19. Jh. gebaut wurden, um einer französischen Invasion vorzubeugen. Den Namen Joyce's Tower verdankt er dem literarischen Jahrhundertwerk ›Ulysses‹, in dem er Schauplatz des ersten Kapitels ist. Tatsächlich hat der Turm James Joyce und dessen Freund Oliver St. John Gogarty 1904 einige Zeit als Aufenthaltsort gedient. 1962 wurde hier ein *Museum* eingerichtet, in dem seltene Ausgaben von Joyce's Büchern, historische Fotografien und einige persönliche Artikel des Dichters ausgestellt sind, darunter eine Gitarre, ein paar Dokumente und eine Brieftasche – leer wie ehedem. Mittelpunkt von Feierlichkeiten und Veranstaltungen wird der Turm jedes Jahr am 16. Juni, dem *Bloomsday*.

In unmittelbarer Nähe des Turmes liegt **Forty Foot**, eine Badestelle, die nach altem Brauch Männern vorbehalten ist. Um Forty Foot herum tummeln sich inzwischen aber auch, sommers wie winters, zahlreiche Damen – wohl um den Brauch zu unterlaufen bzw. zu unterschwimmen.

Praktische Hinweise

Tel.-Vorwahl Dun Laoghaire: 01
Information: Tourist Office, New Ferry Terminal, Harbour, Tel. 6 05 77 99

Hotels
**Kingston Hotel, Adelaide Street, Tel. 2 80 18 10, Fax 2 80 12 37, Internet: www.kingstonhotel.com. Familienbetrieb mit Blick auf die Dublin Bay, 15 Min. vom Stadtzentrum entfernt.

Lynden, Steve & Maria Gavin, 2 Mulgrave Terrace, Dun Laoghaire, Tel. 2 80 64 04, Fax 2 30 22 58. Bed & Breakfast.

9 Glendalough

In einem Tal mit zwei Seen gelegener frühchristlicher Klosterbezirk.

Glendalough, das ›Tal der zwei Seen‹, ist der stimmungsvollste und vielleicht mystischste der alten irischen Klosterbezirke. Eingebettet in eine reizvolle Hügellandschaft mit altem Eichenbestand, scheint er förmlich dazu bestimmt zu sein, eine Kultstätte zu beherbergen. Am frühen Morgen, wenn Nebel über den Seen liegt und das Tal sich noch nicht mit Menschen gefüllt hat, ist ein Spaziergang durch die Ruinen und entlang der Seeufer ein unvergessliches Erlebnis.

<u>*Geschichte*</u> Das Kloster Glendalough wurde im 6. Jh. vom *hl. Kevin* gegründet, der ein Lebensalter von 117 Jahren erreicht haben soll. Legendär wie sein Alter sind auch die Geschichten, die man

Glendalough

Voll geheimnisvollem Zauber: Ein Morgenspaziergang im Klosterbezirk von Glendalough ist ein einzigartiges Erlebnis

von ihm erzählt. So beispielsweise jene von der Amsel, die ihre Eier in die Hand des stehend in Meditation versunkenen Heiligen legte – der daraufhin in unbewegter Haltung ausgeharrt haben soll, bis die Jungen ausgeschlüpft waren. Auf Drängen einer immer größer werdenden Schar von Bewunderern rief er im oberen Teil des Tals, wohin er sich auf der Suche nach Abgeschiedenheit zurückgezogen hatte, eine Mönchsgemeinde ins Leben und errichtete dort eine kleine Kirche. Als die Gemeinde weiter anwuchs, übersiedelte er mit ihr zum *Unteren See*, dorthin also, wo sich der Großteil der heutigen Klostergebäude befindet. Archäologische Untersuchungen verweisen diese Siedlung zwar in eine Epoche deutlich nach Kevins Lebenszeit, aber wirklich rekonstruierbar ist die frühe Entwicklungsgeschichte von Glendalough nicht. Sicher allerdings ist, dass das Kloster nach Kevins Tod rasch an Bedeutung gewann, zu einem viel besuchten Wallfahrtsort wurde und sich zudem einen Ruf als Bildungsstätte erwarb, der weit über Irland hinausreichte. Von den Gebäuden, die damals zu der ›Klosterstadt Glendalough‹ gehörten, steht nur noch ein sehr kleiner Teil. Die Mönche – und Nonnen! – lebten in hölzernen, reetgedeckten Häusern, von denen nichts erhalten ist. Daneben gab es Viehställe, Scheunen und Wirtschaftsgebäude, die im Laufe der Jahre immer wieder Bränden zum Opfer fielen, daraufhin Neubauten weichen mussten und inzwischen gleichfalls völlig verschwunden sind. Auch von der früheren Umfriedung des Klosterbezirks zeugt nur noch ein Torbogen, in dem sich einst das Pförtnerhaus befand.

Aufgrund der Bedeutung Glendaloughs wurden schon früh Annalen verfasst, die die Abfolge der Äbte ebenso genau verzeichneten wie Wikingerüberfälle, Brände und dergleichen mehr. Die große Zeit des Klosters endete mit der Normanneninvasion und der bald darauf folgenden Eingliederung in das Erzbistum Dublin.

Besichtigung Einen ersten Eindruck von der einstigen Gestalt der Anlage vermittelt ein *Modell*, das im **Visitor Centre** (Mitte März – Mitte Okt. tgl. 9.30

Die Umgebung Dublins – Glendalough

– 18, sonst bis 17 Uhr; der Klosterbezirk selbst ist jederzeit zugänglich) zu sehen ist. Ein hier vorgeführter Film und Funde aus dem Klosterbezirk veranschaulichen dessen Geschichte. Auf komfortabel angelegten Gehwegen gelangt man zur Hauptgruppe der Ruinen. Das im wahrsten Sinne des Wortes herausragendste Bauwerk ist der etwas mehr als 30 m hohe **Rundturm**. Sein Kegeldach wurde mit Originalsteinen restauriert, die man im Turm vorfand, insofern bietet er nun wieder den ursprünglichen Anblick. Der Eingang, 3 m über dem Erdboden, führte in die oberen, mittels Balkenkonstruktionen eingezogenen Stockwerke.

Westlich des Turms befinden sich die Ruinen von **St. Mary's Church**, auch *Our Lady's Church* genannt. Das Gotteshaus ist das älteste Gebäude am Unteren See. Sein Chor wurde wahrscheinlich erst im 12. Jh. angefügt. Bemerkenswert ist vor allem das Portal der Westfassade, das aus massiven Granitblöcken besteht, die sich leicht nach innen neigen. In die Unterseite des Türsturzes ist ein Kreuz eingemeißelt, das vielleicht einen Asylbezirk markierte. Es wird vermutet, dass in dieser Kirche Frauen, evtl. auch Nonnen, ihre Gebete verrichteten.

Östlich des Rundturms erhebt sich ein **Torbogen**. Er war einst mehrstöckig, trug vielleicht sogar einen Turm. Als Verteidigungsanlage wird dieser Bau wohl nicht gedient haben. Viel eher wird er die Funktion gehabt haben, die in Kirchen der Vorhalle, dem Narthex, zukommt: Der Eintretende darf nicht unvermittelt vom profanen in einen sakralen Bereich gelangen, er muss rituell ein Zwischenstadium durchlaufen, in diesem Fall den Torbogen durchschreiten. Das schließt jedoch eine profane Nutzung des Torbogens keinesfalls aus. Hier wurden vermutlich Gäste begrüßt oder ein- und ausgehende Waren kontrolliert. Auch andere irische Klöster hatten vergleichbare Toranlagen, diese jedoch ist die einzige erhaltene.

Vom Bogen führt der Weg weiter zur **Kathedrale**, die den Heiligen Peter und Paul geweiht war. Sie ist nicht nur das größte Gebäude auf dem Gelände, sie dürfte zu ihrer Zeit auch die größte Kirche in ganz Irland gewesen sein. Der Bau stammt im Wesentlichen aus dem

Der Rundturm von Glendalough bot Schutz vor Wikingerüberfällen ▷

9./10. Jh., das Mauerwerk verrät jedoch verschiedene Erweiterungen und Umbauten. Ihre Funktion als Kathedrale erfüllte sie bis zur Zusammenlegung der Diözesen Glendalough und Dublin im Jahre 1214. Im Südwesten schließt sich ein *Friedhof* an, in dem über Jahrhunderte hinweg Bestattungen vorgenommen wurden. In Anlehnung an die Tatsache, dass später die Priester der Umgebung hier ihre letzte Ruhestätte fanden, bekam das spätromanische Kirchlein in seiner Mitte den Namen **The Priest's House**. Der Bau aus dem 12. Jh. wurde in den 1870er-Jahren einer Teilrestaurierung unterzogen.

Hügelabwärts – noch unterhalb von **St. Kevin's Cross**, einem schlichten, monolithischen Hochkreuz aus dem 6. oder 7. Jh. – liegt das architektonisch bedeutendste Bauwerk Glendaloughs, **St. Kevin's Church**. Wie das Haus des hl. Columba in Kells, das ebenfalls im 9. Jh. entstanden sein dürfte, und die ca. 250 Jahre jüngere Cormac's Chapel auf dem Rock of Cashel [Nr. 15] weist es jene Dachkonstruktion auf, die man als genuin irischen Beitrag zur Architekturgeschichte bezeichnen kann: Der *Innenraum* wird von einem Tonnengewölbe gedeckt, über dem sich ein Dach in Kragbauweise erhebt. An der Westseite wurde nachträglich ein Rundturm aufgesetzt. Da er an den Rauchabzug einer Küche erinnert, erhielt die Kirche den Beinamen ›St. Kevin's Kitchen‹.

Auf der anderen Seite der kleinen Brücke direkt bei der Kirche führt die *Green Road*, ein Fußweg, der sich an der Südseite der beiden Seen entlangzieht, nach rechts zur Stätte der älteren Klostersiedlung am *Oberen See*. Die Ausschilderung verweist auf den *Poulanass Waterfall*, etwas hügelaufwärts, und auf die **Reefert Church**, deren Reste auf einer Plattform inmitten eines Friedhofs liegen. Sie stammt wahrscheinlich aus dem 11. Jh. Noch ein Stück weiter westlich liegen einige weitere, der ersten Klosteranlage zugehörige Stätten, die jedoch schwer zugänglich sind: Nahe dem Seeufer ist **St. Kevin's Bed** in einen Felshang geschlagen. Diese Höhle soll dem Heiligen als Schlafstätte gedient haben. Auch das Fundament einer runden, steinernen Behausung westlich der Reefert Church, vermutlich eine der Bienenkorbzellen, wie sie auf der Dingle-Halbinsel zu sehen sind, wird mit ihm in Zusammenhang gebracht und deshalb **St. Ke-**

Lawrence O'Toole

In die Ära der Normanneninvasion fällt das Wirken von Lawrence O'Toole, der zweiten herausragenden Gestalt Glendaloughs nach dem hl. Kevin. 1123 als Sohn eines Kleinkönigs geboren, kam er in jungen Jahren zunächst an den Hof des Königs von Leinster, später in das Kloster. Aufgrund seiner geistigen Fähigkeiten stieg er in Glendalough bald zum Abt auf und wurde 1162 zum **Erzbischof** *von Dublin ernannt. Er war vor allem um die Vermittlung zwischen Engländern und Iren bemüht, was ihm nicht nur Ansehen einbrachte. 1225 erfolgte seine* **Heiligsprechung** *– die Initiative dazu war aus der Normandie gekommen, wo er nach seiner Flucht aus Irland bis zu seinem Tod gelebt hatte.*

---

vin's Cell genannt. Auf einem schmalen Streifen zwischen dem Oberen See und dem Hügel, über eine Treppe mit dem Bootsanlegeplatz verbunden, steht die Ruine von **Teampull na Skellig**, der Felskirche. Vom ersten Bauwerk an dieser Stelle ist so gut wie nichts erhalten, beim jetzigen Gemäuer handelt es sich um eine Rekonstruktion.

Geht man am Ostufer des Oberen Sees entlang zurück, sieht man auf der rechten Wegseite **The Caher**, ein Ringfort aus der Bronze- oder Eisenzeit. Die etwa 3 m dicken Wälle sind verfallen, in dem Rund von mehr als 30 m Durchmesser wachsen heute Bäume, die Anlage an sich liefert jedoch den Beweis, dass das Tal von Glendalough bereits sehr früh besiedelt war.

Praktische Hinweise

Tel.-Vorwahl Glendalough: 04 04

Hotels
***Glendalough**, Tel. 4 51 35, Fax 4 51 42, Internet: www.glendaloughhotel.ie. Familienbetriebenes Hotel aus dem 18. Jh. im Glendalough Naturpark.

Oakview, Mrs. Diane McCoy, Laragh, Tel./Fax 4 54 53, E-Mail: dianemccoy@ireland.com. Bed & Breakfast in angenehmer Lage, gehobenes Niveau.

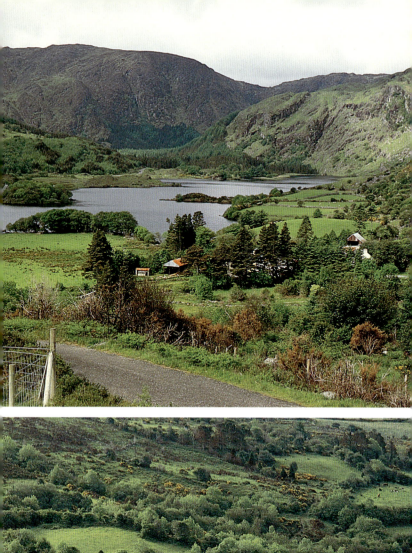

In den Südwesten – Ferienstrände und romantische Höhenzüge

Die Fahrt von Dublin in den Südwesten Irlands führt durch die Counties Carlow, Kilkenny, Tipperary, Wexford, Waterford und Cork – und damit durch eine äußerst abwechslungsreiche Geschichts-, Kultur- und Naturlandschaft. Der Südosten ist der sonnigste und niederschlagsärmste Teil der Insel. An seinen **kilometerlangen Dünenstränden** verbringen traditionellerweise die Einheimischen ihre Ferien. Aber auch die Urlauber vom Kontinent, die vor allem der Sehenswürdigkeiten wegen anreisen, kommen hier auf ihre Kosten. Unweit des Hafens von Rosslare trifft man auf jene Stelle, an der vor mehr als 800 Jahren die ersten Anglo-Normannen anlegten. Wo die Eroberer siedelten, hinterließen sie Burgen wie diejenigen von **Kilkenny** oder **Cahir** und gründeten Klöster wie **Jerpoint** oder **Hore Abbey**. Die fruchtbaren Ebenen im Landesinneren werden seit Jahrtausenden landwirtschaftlich genutzt, doch in den Hügel- und Bergregionen, etwa der Galtee Mountains im County Tipperary, gibt es noch weite, unberührte Naturlandschaften. Diese **Berge** sind zwar keine 800 m hoch, bieten jedoch, da sie unmittelbar aus der Ebene aufsteigen, einen imposanten Anblick.

10 Wexford

Die hübsche Kleinstadt mit blutiger Vergangenheit ist alljährlich Ziel von Opernfreunden.

Wexford (15 000 Einw.) ist für jene Besucher, die mit der Fähre im Hafen von Rosslare ankommen, die erste irische Stadt, derer sie ansichtig werden.

Wie eine Reihe weiterer irischer Küstenstädte ist sie eine wikingische Gründung. *Waesfjord*, den ›sandigen Hafen‹, nannten sie die Skandinavier, die um 850 hier ankamen. Außer dem Namen erinnert heute jedoch nicht mehr viel an die Rolle, die diese in der Geschichte der Stadt spielten. Kurz nach ihrer ersten Landung in Irland nahmen 1169 dann die Normannen Wexford ein. Der wahrscheinlich härteste Schicksalsschlag aber kam 1649 mit Oliver Cromwell. Er ließ, da die Stadt sich ihm nicht ergeben hatte, drei Viertel der etwa 2000 Einwohner hinrichten.

◁ *Der See von Gougane Barra (**oben**) und einsame Gebirgsregionen in der Grafschaft Cork (**unten**). Eine Landschaft, die Mythen entstehen lässt*

Seit dem 19. Jh. ist die Bucht der einstigen Hafenstadt durch die Ablagerungen des *Slaney River* für Schiffe unpassierbar geworden. Die Quays liegen daher heute verlassen, das Zentrum erstreckt sich nunmehr im Bereich um die Main Street. Wo sich Cornmarket, North Main und Common Quay Street treffen, liegt der **Bull Ring**, ein Platz, auf dem im Mittelalter Stierkämpfe veranstaltet wurden und den Cromwell als Exekutionsstätte benutzte. Geht man durch Cornmarket und Abbey Street nordwärts, kommt man, vorbei an den Resten der normannischen *Stadtmauer*, zur **Selskar Abbey**. Obwohl die Abtei erst 1190 gegründet wurde, hält sich hartnäckig die Überlieferung, dass König Heinrich II. im Jahre 1172 genau 40 Tage in diesem Kloster verbrachte, um Buße zu tun für den Mord an Thomas Beckett, für den er verantwortlich war. Der ruinöse Zustand des Gebäudes ist ein Resultat von Oliver Cromwells Feldzug.

Direkt hinter Selskar Abbey erhebt sich das **West Gate**, das einzig verbliebene von ursprünglich sechs Stadttoren. Es wurde um 1300 erbaut und Ende des 20. Jh. renoviert. Nun sind Kunstgewer-

In den Südwesten – Wexford / Waterford

beläden darin untergebracht, ferner das *West Gate Center* (März–Juni, Sept.–Okt. Mo–Sa 11–13 und 14–17.30, Juli/Aug. Mo–Sa 9.30–13 und 14–17, So 14–17 Uhr), in dem man sich eine audio-visuelle Vorführung über die Geschichte Wexfords ansehen kann.

Bekannt ist Wexford vor allem für sein *Opera Festival*, das alljährlich im Oktober stattfindet. 17 Tage lang kommen ansonsten eher selten gespielte Opern auf die Bühne, daneben finden Dichterlesungen, Ausstellungen und Musikveranstaltungen statt.

Praktische Hinweise

Tel.-Vorwahl Wexford: 0 53
Information: Tourist Office, Crescent Quay, Tel. 2 31 11, Fax 4 17 43, Internet: www.southeastireland.travel.ie

Hotels

***Faythe Guest House**, Swan View, Tel. 2 22 49, Fax 2 16 80, Internet: www.faytheguesthouse.com. Von Wexfords ältestem Guesthouse aus ist das Zentrum schnell zu erreichen.

****Westgate House**; Tel./Fax 2 21 67. Bed & Breakfast in Bahnhofsnähe.

Restaurant

Footprints, New Line Road, Tel. 4 34 44. Das Restaurant im Whitford House Hotel tischt ausgezeichnete irische und französische Gerichte auf.

11 Waterford

Ansehnliche Provinzstadt mit einem Hauch von Mittelalter.

Die heutige Hauptstadt der gleichnamigen Grafschaft hat 44 000 Einwohner. Sie liegt an der Mündung des Flusses Suir. Berühmt ist sie vor allem für ihre Glasherstellung.

Geschichte Dank seines 16 km weit im Landesinneren gelegenen natürlichen Hafens erlangte das 915 von den Wikingern gegründete *Vadrafjord* bald eine wichtige strategische Bedeutung. 1170 versuchte eine irisch-wikingische Armee vergeblich, die Normanneninvasion Strongbows abzuwehren. Ein Jahr später besuchte König Wilhelm II. die Stadt und versicherte sich ihrer Loyalität. 1210 ließ König Johann den Mauerring erweitern – Water-

ford wurde zur mächtigsten Stadt Irlands. Cromwells Belagerung 1649 konnte sie trotzen, im folgenden Jahr musste sie sich allerdings seinem Schwiegersohn Ireton ergeben. Nach der Niederlage Jakobs II. in der Schlacht an der Boyne verlor das königstreue Waterford schließlich seine Privilegien und seine Bedeutung.

Besichtigung Auf der Uferpromenade entlang des Suir passiert man zunächst die Einmündung der *Barronstrand Street*, der wichtigsten Einkaufsstraße Waterfords. Sie bildet die westliche Begrenzung des Zentrums. Dem Fluss weiter folgend erreicht man **The Mall**, die parallel zu einem Stück der *normannischen Stadtmauer* verläuft. Diese ist nach derjenigen von Londonderry [Nr. 43] die am besten erhaltene in ganz Irland. Die jetzige Straße war bis 1735 ein Wassergraben. Nach seiner Trockenlegung entstanden hier einige der repräsentabelsten Gebäude der Stadt: das *Rathaus*, das *Theatre Royal* und der *Bischofspalast*. Weiter südwestlich, wo The Mall in die Parnell und die Manor Street übergeht, sind wiederum Teile der Stadtmauer mit dem *Watch Tower*, dem *Double Tower* und dem *French Tower* erhalten geblieben. Der **Reginald's Tower** ragt gleich hinter der Abzweigung von der Uferpromenade in die Höhe. Er wurde im 12. Jh. von den Normannen als wichtigster Teil der Stadtbefestigung errichtet und diente später als Münze, Munitionsdepot und Polizeistation. Heute beherbergt er das *Civic Museum* (April, Mai, Sept., Okt. Mo–Fr 10–17, Sa/So 10–13 und 14–17, Juni–Aug. tgl. 8.30–20.30 Uhr), dessen Exponate die Geschichte Waterfords dokumentieren. Um die Ecke, in der Grey Friars Street, ist das *Heritage Center* (Mai–Okt. tgl. 10–19 Uhr; Eintrittskarten gelten für beide Museen) untergebracht, in dem vor allem Funde aus der Wikingerzeit ausgestellt sind.

Direkt neben dem Heritage Center sind die Ruinen der **French Church** zu sehen. Die 1240 erbaute Franziskanerkirche kam zu ihrem Namen, weil sie im 17. und 18. Jh. von Hugenotten benutzt wurde, die aus Frankreich geflohen waren. Einen Block weiter, am Cathedral Square, erhebt sich die **Christ Church Cathedral**, die im 18. Jh. an der Stelle einer gut 700 Jahre älteren wikingischen Kirche errichtet wurde. Hier ließ sich Strongbow 1170 mit Aoife, der Tochter des Königs von Leinster, trauen.

Waterford / Browneshill Dolmen / Kilkenny

Begräbnisplatz oder heidnische Kultstätte: Die ursprüngliche Bedeutung des Browneshill-Dolmen ist nicht geklärt

Praktische Hinweise

Tel.-Vorwahl Waterford: 051
Information: Tourist Office, 41 The Quay, Tel. 87 57 88, Fax 87 73 88

Hotels

*****Granville**, Meagher Quay, Tel. 30 55 55, Fax 30 55 66, Internet: www.granville-hotel.ie. Das luxuriöseste Hotel der Stadt liegt in Hafennähe mit Blick auf den River Suir.

Browns Townhouse, 29 South Parade, Tel. 87 05 94, Fax 87 19 23, Internet: www.brownstownhouse.com. Das angenehme Guesthouse im Zentrum Waterfords ist in viktorianischem Stil erbaut.

Restaurant

Dwyer's, 8 Mary Street, Tel. 87 74 78. Stilvolles Restaurant in einem ehemaligen Polizeigebäude. Raffinierte Küche und obendrein reichliche Portionen in mittlerer Preislage.

12 Browneshill Dolmen

Größtes Hünengrab Irlands.

Von den vielen Gräbern dieser Art, die es in Irland gibt, ist der Dolmen von Browneshill der mächtigste. Er liegt 200 m von der R 726 entfernt und ist von der Straße aus gut zu sehen. Die *Deckplatte,* die auf drei Tragsteinen ruht und auf einer Seite die Erde berührt, wiegt etwa 100 Tonnen! Das Grab stammt aus der Bronze- oder Jungsteinzeit und war vermutlich einst von einem Erdhügel bedeckt. In keltischer Zeit wurde es als Kultstätte benutzt. Für wen es ursprünglich errichtet wurde, welche anderen Funktionen es erfüllte und ob es jemals Grabbeigaben enthielt, ist unbekannt.

Weiter nordöstlich an der N 9 Richtung Dublin sind die beiden Ortschaften Castledermot und Moone für ihre Hochkreuze bekannt. Während das **Moone High Cross** etwas versteckt hinter dem Gemäuer einer kleinen Abtei liegt, stehen die beiden **Kreuze** von **Castledermot** auf einem Friedhof unweit der Hauptstraße.

Praktische Hinweise

Hotel

Meeltrain House, Mrs. Mary Ruane, Link Road, Browneshill, Carlow, Tel. 05 03/4 24 73. Nettes Bed & Breakfast.

13 Kilkenny

Reizvoller Ort mit imposanter Burg und hübscher Altstadt.

Dem hl. Canice, der hier im 6. Jh. eine Kirche (irisch: cill) baute und ein Kloster errichtete, verdankt das während der Sommersaison viel besuchte Kilkenny seinen Namen. Unauslöschlich verbunden ist dieser jedoch in erster Linie mit den Statuten, die das hier tagende Parlament 1366 erließ, um die zunehmende

In den Südwesten – Kilkenny

*Wohnen in früheren Jahrhunderten: Das Kilkenny Castle, eine wehrhafte Adelsresidenz (**oben**), und das Rothe House, ein repräsentatives Bürgerhaus (**unten**)*

Assimilierung der Normannen mit der irischen Bevölkerung zu stoppen.

Top Tipp Oberhalb einer Biegung des River Nore thront **Kilkenny Castle** (April–Mai tgl. 10.30–17, Juni–Sept. tgl. 10–19, Okt.–März Di–So 10.30–12.45 und 14–17 Uhr). Hier, an strategisch wichtiger Stelle, ließ Strongbow seine aus Ringwall und Holzturm bestehende Festung anlegen, hier begann sein Schwiegersohn William Marshall mit dem Bau der jetzigen Burg. 1391 erwarb sie James Butler, Earl of Ormond. Die Ormonds hatten das vererbbare Amt des Mundschenks *(Botiller)* englischer Könige innegehabt und waren von Heinrich II. mit dem Ehrentitel *Chief Butler of Ireland* ausgezeichnet worden. Als ihr Familiensitz wurde die Burg durch viele Umbauten zum Schloss; die jetzige Bausubstanz stammt im Wesentlichen aus dem 19. Jh. Bis 1935 lebten hier Butler-Nachkommen, diese mussten aber, weil der Unterhalt zu teuer wurde, nach und nach das Mobiliar versteigern, und 1967 ging das Schloss für IR £ 50 an die Stadt Kilkenny über. Nach einer gründlichen Renovierung kann es heute im Rahmen von Führungen besichtigt werden. Zu sehen bekommt man dabei *The Long Gallery*, in der die Porträts der Familie Butler aufbewahrt werden, *Repräsentationsräume* und *Schlafgemächer*. Im Schloss finden überdies wechselnde

Kunstausstellungen statt. Zum Verweilen oder zu einem Spaziergang lädt der hübsch angelegte *Garten* ein, der bis in die Abendstunden hinein geöffnet ist. Auch die ehemaligen Stallungen gegenüber der Burg, in denen nun die *Kilkenny Design Workshops* untergebracht sind, sind einen Besuch wert. Hier wird modernes, qualitätvolles Kunstgewerbe hergestellt und zum Verkauf angeboten.

Nahe der Burg, in der Rose Street liegt **Shee's Almshouse**, ein früheres Armenhaus, das Ende des 16. Jh. von dem Philanthropen *Sir Richard Shee* gestiftet wurde. Später machte man das Gebäude mit der grauen Kalksteinfassade zum Hospital, seit einigen Jahren beherbergt es das *Tourist Office*.

Biegt man in die High Street ein, kommt man kurz darauf an **The Tholsel**, dem Rathaus, vorbei, einem markanten Gebäude aus dem 18. Jh. Nördlich von ihm führt ein Gässchen mit dem Namen Butterslip hinunter zur St. Kieran Street. Linker Hand sieht man **Kyteler's Inn**, eines der ältesten Häuser Kilkennys. Das Pub hat dank seiner 300 Jahre alten Einrichtung eine gediegene Atmosphäre, die allerdings durch den Techno-Sound, der hier meist zu hören ist, eine gewisse Beeinträchtigung erfährt.

An der Filiale der *Bank of Ireland* am Treffpunkt von High Street und St. Kieran Street, erinnert eine Plakette daran, dass von 1642 bis 1649 an dieser Stelle die Katholische Konföderation ihre Sitzungen abhielt. Sie ergriff Partei für König Karl I. und gegen das englische Parlament. Nach der Hinrichtung des Königs war sie deshalb vorrangiges Angriffsziel für Oliver Cromwell. Er belagerte sie fünf Tage lang, verlor dabei aber so viele Soldaten, dass er die Verteidiger schließlich unter militärischen Ehren abziehen ließ. Kilkenny blieb von Zerstörungen weitgehend verschont.

Ein kleines Stück weiter, auf der linken Seite der Parliament Street, liegt das **Rothe House** (April–Okt. Mo–Sa 10.30–17, So 15–17, Nov.–März Mo–Sa 13–17 Uhr). Das elisabethanische Gebäude wurde Ende des 16. Jh. von dem

Geschichtsunterricht am historischen Ort: Die imposanten Säle und Gemächer der Burg von Kilkenny beherbergen heute die Ahnengalerie der Butlers von Ormond

In den Südwesten – Kilkenny

Kilkenny, das nie größere Zerstörungen hinnehmen musste, präsentiert sich als eine der freundlichsten Städte in ganz Irland

Kaufmann *John Rothe* in Auftrag gegeben. Im folgenden Jahrhundert war die Familie Rothe in der Konföderation aktiv und verlor nach der Niederlage von Jakob II. ihren Besitz. Nach einer Renovierung im Jahre 1966 wurde im Rothe House ein Heimatmuseum eingerichtet.

Die **Smithwick's Brewery** am Ende der Parliament Street stellt eines der meistgetrunkenen Biere Irlands her. Sie wurde 1710 gegründet, aber die Brautradition geht bereits auf Franziskanermönche des 13. Jh. zurück, die das Kloster auf dem jetzigen Fabrikgelände bewirtschafteten.

Die Ruine der **Greyfriars Church** ist von der Straße aus zu sehen. Ihre Anmut hat durch die Betonstützen, die den Einsturz verhindern, stark gelitten.

In der Abbey Street, die beim Rothe House beginnt, steht das einzige erhaltene Stadttor aus normannischer Zeit, das **Black Freren Gate**, ganz in seiner Nähe die **Black Abbey**, eine Dominikanerabtei aus dem 13. Jh., die ihren Namen den schwarzen Mönchskutten verdankt. Die Kirche wird heute wieder für Gottesdienste benutzt.

TOP TIPP Die bei weitem bedeutendste Kirche Kilkennys ist **St. Canice's Cathedral** (April–Okt. Mo–Sa 9–18, So 14–18, Nov.–März Mo–Sa 10–13 und 14–16, So 14–16 Uhr), eine der größten Kathedralen Irlands. Sie wurde zwischen 1251 und 1280 im Stil der englischen Frühgotik erbaut. Schon ca. 50 Jahre nach ihrer Vollendung stürzte das mit schwerem Blei gedeckte Kirchendach ein und riss den Turm mit sich. Im Zuge des Wiederaufbaus im 14. Jh. wurden die großartigen Fenster im Chor eingesetzt. Erstaunlicherweise blieben sie von den Maßnahmen unberührt, die der erste protestantische Bischof von Kilkenny, John Bale, anordnete, um der Kirche ein schlichteres Aussehen zu geben; der gesamte damalige Statuenschmuck fiel ihnen zum Opfer. Größere Schäden entstanden auch, als die St. Canice's Cathedral 1650 von Cromwells Truppen geplündert und als Stall benutzt wurde. Das Innere enthält heute gleichwohl noch einige Werke von historischer und künstlerischer Bedeutung: Den wahrscheinlich aus dem 7. Jh. stammenden *Thronstein* unter dem Bischofsstuhl im nördlichen Querschiff, das steinerne *Taufbecken* mit einem Relief, das die Heilige Dreifaltigkeit darstellt, im nördlichen Seitenschiff, sowie über 100 Grab- und andere Monumente. Die bedeutendsten von ihnen sind diejenigen des Bildhauers *Rory O'Tunney*. Seiner Werkstatt entstammen die *Grabmäler* für *James Shortal* und *John Grace*.

Der *Fußboden* des Chors besteht aus vier Marmorarten, von denen jede aus einer anderen irischen Provinz kommt: der graue aus Tyrone (Ulster), der schwarze aus Kilkenny (Leinster), der rote aus Kerry (Munster) und der grüne aus Galway (Connaught).

Direkt neben der Kathedrale erhebt sich der 30 m hohe *Rundturm*. Sein Dach fehlt, ansonsten ist er in gutem Zustand und kann bestiegen werden.

Kilkenny / Jerpoint Abbey

Praktische Hinweise

Tel.-Vorwahl Kilkenny: 0 56
Information: Tourist Office, Shee's Almshouse, Rose Inn Street, Tel. 5 15 00, Fax 6 39 55

Hotels

*****Hotel Kilkenny**, College Road, Tel. 6 20 00, Fax 6 59 84, Internet: www.griffingroup.ie. Gut ausgestattetes Hotel inmitten eines großen Gartens mit Sport- und Freizeitmöglichkeiten.

Olinda, Mrs. M. Cody, Castle Road, Tel. 6 29 64. Angenehmes Bed & Breakfast etwa 1 km vom Zentrum.

Restaurant

Lacken House, Dublin Road, Tel. 6 10 85. Das etwas außerhalb der Stadt gelegene Lokal mit umfangreicher Speisekarte ist eines der besten der Gegend.

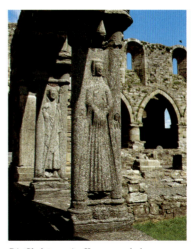

Die Skulpturen im Kreuzgang haben erfrischend humorvollen Charakter

 14 Jerpoint Abbey

Besterhaltene Zisterzienserabtei Irlands.

Jerpoint Abbey (Mitte Juni – Mitte Sept. tgl. 9.30 – 18.30, Mitte Sept.– Mitte Okt., Mitte April – Mitte Juni Di – So 10 – 13 und 14 – 17 Uhr) ist eine Anlage von großer baulicher Geschlossenheit und Präsenz. Beeindruckend sind aber auch Details, vor allem der für Zisterzienserklöster untypische Skulpturenschmuck. Die Abtei wurde in der 2. Hälfte des 12. Jh. von einem der Herrscher des Königreiches Ossory gegründet und bestand etwa 400 Jahre lang. In ihr scheint ein sehr freier, mitunter regelrecht revolutionärer Geist geherrscht zu haben; so wurden hier beispielsweise die berüchtigten ›Statuten von Kilkenny‹ weitgehend missachtet. Die Anordnung der Gebäude, die aus dem späten 14. und dem frühen 15. Jh. stammen, folgt im Wesentlichen dem

Die Zisterzienserabtei Jerpoint Abbey ist so gut erhalten, dass es dem Besucher nicht schwer fällt, sich das mönchische Leben vergangener Tage vorzustellen

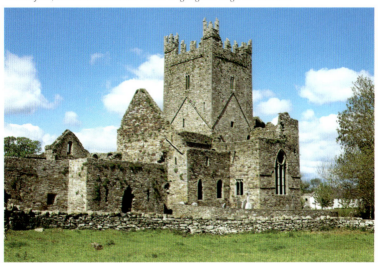

65

In den Südwesten – Jerpoint Abbey / Rock of Cashel

Krönungsstätte, Königssitz, Hochburg des Klerus: Auf dem Rock of Cashel haben sich wichtige Episoden irischer Geschichte abgespielt

durch Mellifont Abbey [Nr. 5] vorgegebenen Schema.

Prunkstück von Jerpoint Abbey ist der **Kreuzgang**, dessen hübsche Steinmetzarbeiten besonders hervorzuheben sind. Die Figuren, die die Zwillingssäulen zieren – Ritter, Bischof und groteske Figuren – sind nicht nur künstlerisch wertvoll, sondern haben auch einen wunderbar humorvollen Charakter.

Der **Klosterkirche**, die in eine Abteilung für Mönche und Laienbrüder gegliedert war, fehlt die Südwand; ihr ältester Teil jedoch, der iro-romanische *Chor* mit seinem Tonnengewölbe, ist erhalten. In ihm befindet sich das Grabmal von *Felix O'Dullany*, des 1202 verstorbenen ersten Abtes von Jerpoint und Bischofs von Ossory. An der Nordwand des Chors sind Spuren von Wandmalereien aus dem 15. oder 16. Jh. zu sehen, die die Wappen verschiedener Familien darstellen. Mit Hilfe der angebrachten Rekonstruktionszeichnungen sind sie gut erkennbar.

Unter dem **Vierungsturm** steht das *Grabmal für Robert Walsh und Katherine Power* – eines der Werke von *Rory O'Tunney* aus dem frühen 16. Jh. Auf dem Schaft des Kreuzes hat sich der Meister – in lateinischer Schrift – verewigt. Das *südliche Querschiff* beherbergt das vielleicht bemerkenswerteste Monument, das *Grabmal der Familie Butler*: Es stellt die zwölf Apostel als irische Adelige dar. Daneben sind zwei ›die Brüder‹ genannte, mit Kettenhemden bekleidete Ritter zu sehen.

15 Rock of Cashel

Majestätisch auf einem Felsen thronende Ruine – einst Krönungsstätte von Königen und Sitz von Bischöfen.

Der weithin sichtbare Kalksteinfelsen, der einsam aus der fruchtbaren Ebene von Tipperary ragt, bietet mit den darauf sich erhebenden Resten mittelalterlicher Kirchengebäude einen imposanten Anblick.

<u>Geschichte</u> Der erste, dessen Name sich mit dem Ort verbindet, ist der legendäre König *Corc*. Um das Jahr 370 soll er die Stadt Cashel am Fuße der Anhöhe gegründet und seine Residenz hierher verlegt haben. Auf dem Berg ließ er ein *Caiseal* – so das irische Wort für Festung – erbauen. Bis ins 12. Jh. war das *Cashel of the Kings* der Sitz der Könige von Munster.

Aus der langen Reihe der historischen Ereignisse, die die Stätte erlebt hat, ragt vor allem der Besuch des hl. Patrick heraus. Er soll um 450 nach Cashel gekommen sein und den regierenden König getauft haben. Allgemein anerkannt ist ein Bericht, demzufolge der Heilige im Verlauf des Taufrituals vehement mit seinem Stab aufstieß und dabei versehentlich den Fuß des Königs durchbohrte. Dieser soll geglaubt haben, es handle sich um einen Teil des Rituals, und ertrug den Schmerz, ohne mit der Wimper zu zucken.

977 ließ sich der berühmteste aller irischen Regenten, *Brian Ború*, der später als Hochkönig in der Schlacht von Clontarf die Wikinger bezwang, in Cashel zum König von Munster krönen. Einen wichtigen Einschnitt in der Geschichte Cashels stellt das Jahr 1101 dar, in dem König *Murtagh O'Brien* der Kirche ein Geschenk machte, »wie es noch kein König jemals gemacht hatte, nämlich übergab er das *Cashel of the Kings* der Religion« – so eine Chronik. Bald darauf nahm man den Bau sakraler Gebäude in Angriff. 1647 schließlich war der Berg Schauplatz eines grauenhaften Gemetzels. Nach der Einnahme durch Cromwell's Feldherrn *Murrough O'Brien* fanden über 800 Menschen, die sich aus der Stadt hierher geflüchtet hatten, den Tod. Die letzte Katastrophe kam 1847, als ein Sturm einen Teil der Gebäude zum Einsturz brachte. 1869 wurde die Anlage auf dem Rock of Cashel zum *National Monument* erklärt.

Besichtigung Am Fuße des 30 m hohen Felsens liegt ein Parkplatz, von dem aus ein Weg zum Eingang des Rock of Cashel (Mitte März – Mitte Juni tgl. 9.30 – 17.30, Mitte Juni – Mitte Sept. 9 – 19.30, Mitte Sept. – Mitte März 9.30 – 16.30 Uhr) führt. Der Kassenraum befindet sich in der *Vicar's Hall*, einem Gebäude aus dem 15. Jh. An ihn schließt sich ein kleines **Museum** an, in dem die wichtigsten Funde aus Cashel ausgestellt sind, darunter das Original von **St. Patrick's Cross**; an seinem ursprünglichen Standort vor der Kathedrale befindet sich nun eine Kopie. Das stark verwitterte Kreuz unterscheidet sich in seiner Form wesentlich von allen anderen bekannten Hochkreuzen. Der Ring um das Zentrum fehlt, dafür aber war es in seiner Gänze von einem Steinrahmen umgeben. Nur ein Teil davon ist erhalten. Das Relief auf der Westseite zeigt den gekreuzigten Christus, bei der Figur auf der Ostseite handelt es sich wahrscheinlich um den hl. Patrick. Der Sockel diente früher möglicherweise als Krönungsstein.

Das größte Bauwerk auf dem Rock of Cashel ist die im 13. Jh. errichtete **Kathedrale**. Sie wurde im 15. Jh. nach Westen hin um den Wohnturm des Bischofs erweitert und im Laufe ihrer Geschichte mehrfach restauriert. Stark zugesetzt haben dem Gotteshaus die Ereignisse, die der Eroberung von 1647 folgten. Zwar wurde es danach noch 100 Jahre lang benutzt, doch der Verfall war nicht mehr aufzuhalten. Ab 1748 übernahm *St. John's Cathedral* in der Ortschaft Cashel ihre Funktion.

Mönche aus Deutschland, die gekommen waren, um Spenden bei ihren reicheren Glaubensbrüdern zu erbitten, haben den Baustil von Cormac's Chapel beeinflusst

67

In den Südwesten – Rock of Cashel

Eine würdige letzte Ruhestätte: Gräber auf dem Rock of Cashel. Am Fuße des Hügel liegt die Ruine von Hore Abbey

Man betritt das Gebäude von Süden her durch ein gotisches Portal. Es fällt auf, dass der Chor erheblich länger ist als das Langhaus, wahrscheinlich deshalb, weil der Bau nie in seiner ursprünglich geplanten Länge ausgeführt wurde. Von der heutigen Ausstattung ist das Grabmonument des Erzbischofs *Miler MacGrath* im Chor hervorzuheben. Dieser Kirchenfürst war zum protestantischen Glauben übergetreten und dafür von Elisabeth I. mit der Ernennung zum anglikanischen Bischof belohnt worden. So war er mehrere Jahre lang Bischof beider Konfessionen, und als er 1622 im ehrwürdigen Alter von 100 Jahren starb, soll er über 70 Ämter bekleidet haben.

Der fast 30 m hohe **Rundturm**, der an das nördliche Querschiff grenzt, dürfte zu dem Vorgängerbau aus dem 10. Jh. gehört haben.

Das bedeutendste Bauwerk auf dem Rock of Cashel ist die 1134 unter dem König und Bischof *Cormac MacCarthy* eingeweihte **Cormac's Chapel**. Sie weist einige Stilmerkmale auf, die in Irland einmalig sind, so etwa die Gliederung der Innen- und Außenwände durch Blendarkaden und einen annähernd kreuzförmigen Grundriss, der durch den Anbau von zwei Türmen an das Hauptschiff zustande kommt. Diese Elemente sind auch bei romanischen Kirchen im Rheinland anzutreffen – und tatsächlich bestanden zu MacCarthys Zeit enge Verbindungen zwischen Irland und Deutschland. Einige Jahre bevor die Arbeit an der Kirche aufgenommen wurde, hatten sich vier irische Mönche aus dem Kloster Regensburg in Cashel aufgehalten. Zwei von ihnen waren Bauleute; möglicherweise haben sie an der Planung von *Cormac's Chapel* mitgewirkt.

Ganz und gar irischem Baustil dagegen entspricht das Dach der Kapelle in Kragbauweise, wie sie auch bei der St. Kevin's Church in Glendalough [Nr. 9] oder beim Gallarus Oratorium auf der Halbinsel Dingle [Nr. 22] zu sehen ist. Zwischen diesem Steindach und dem Tonnengewölbe des Hauptschiffes liegt ein Raum, der früher als Schule genutzt wurde. Im **Inneren** fällt besonders der Übergang vom Hauptschiff zum Chor ins Auge. Der *Chorbogen* erhebt sich über vier Säulen und ist mit 30 realistisch dargestellten Köpfen geschmückt. Im Chor haben sich Reste von *Fresken* erhalten, deren Restaurierung Ende des 20. Jh. erfolgte. Auf der Westseite des Kapellenraums steht ein *Sarkophag*, von dem früher angenommen wurde, er sei derjenige des Königs Cormac; die Ornamentierung aus ineinander verschlungenen Schlangen- und Rankenmotiven lässt jedoch vermuten, dass er bereits ein Jahrhundert

Rock of Cashel / Cahir

vor dessen Tod hergestellt wurde. Das *Tympanon* über dem ursprünglichen Eingangsportal auf der Nordseite ziert ein bemerkenswertes Relief: Ein großes Tier, wahrscheinlich ein Löwe, wird von einem Zentauren mit Pfeil und Bogen angegriffen.

Unterhalb des Rock of Cashel, von diesem aus gut zu sehen und zu Fuß leicht erreichbar, liegt die Ruine des Zisterzienserklosters **Hore Abbey**. Es wurde von Erzbischof *David MacCarwill* gegründet, dessen Episkopat von 1253 bis 1289 dauerte. Im 15. Jh. kam der Mittelturm hinzu.

Die Ortschaft **Cashel**, unterhalb des Kalksteinfelsens, hat sich ganz auf den Tourismus eingerichtet. Neben ihrer Hauptattraktion, dem *Rock,* besitzt sie außerdem die Ruine einer *Dominikanerprobstei* aus dem 13. Jh. In deren unmittelbarer Nähe befindet sich das Freilichtmuseum *Folk Village* (häufig wechselnde Öffnungszeiten, offiziell tgl. 10–18 Uhr) mit einer Ansammlung von Wohnhäusern, einem Pub, einer Schmiede und einer Metzgerei aus den vergangenen drei Jahrhunderten.

Direkt am Parkplatz unterhalb von St. Patrick's Rock liegt **Brú Ború**, eines der Ende des 20. Jh. entstandenen *Heritage Centers* (Tel. 6 11 22), in denen irische Tradition gepflegt, also Theater gespielt, musiziert, getanzt und darüber hinaus irisches Kunsthandwerk angeboten wird.

Praktische Hinweise

Tel.-Vorwahl Cashel: 0 62

Hotels

******Cashel Palace Hotel**, Main Street, Tel. 6 27 07, Fax 6 15 21, Internet: www.cashel-palace.ie. Das 1730 in georgianischem Stil erbaute Haus am Fuße des Rock of Cashel ist elegant und stilvoll möbliert und hat eine wundervoll freundliche Atmosphäre.

Teach Gobnathan, Mrs. M. Merigan, Glen of Aherlow, Golf Links Road, Brookville, Tel. 5 16 45. Bed & Breakfast ca. 15 km außerhalb, nahe der Stadt Tipperary, in lieblicher Umgebung.

Restaurant

Chez Hans, Moor Lane, nahe der Main Street Richtung Dublin, Tel. 6 11 77.

Klöster und Rundtürme

Schon ein Jahrhundert nach der Mission des hl. Patrick entstanden in ganz Irland **Klöster***. Sämtliche Gebäude dieser frühen Anlagen waren aus Holz, keines von ihnen ist jedoch erhalten. Erst ab dem 9. Jh. baute man mit Stein. Festgeschriebene Ordensregeln wie auf dem Kontinent gab es kaum, in vielen Fällen lebten Mönche und Nonnen in den Klöstern sogar zusammen.*

Die Gemeinschaften trieben Landwirtschaft und Handel. Zuerst als Warenumschlagplätze, später auch als **Bildungszentren***, übernahmen größere Klöster nach und nach die Funktion, die auf dem Kontinent die Städte innehatten. Ihr wachsender Reichtum lockte Feinde an: Im 9. Jh. begannen die* **Wikinger***, die Klöster zu überfallen. Zum Schutz gegen Plünderungen baute man* **Rundtürme***. Der irische Name ›cloigtheagh‹ (›Glockenhaus‹) verweist auf ihre zweite Funktion: von hier aus wurde auch – mit Handglocken – zum Gebet geläutet. Vor allem aber dienten sie dazu, bei nahender Gefahr Mönchsgemeinde und Kostbarkeiten aufzunehmen. Ihre Eingänge befinden sich stets mehrere Meter über dem Boden; zog man die Leiter ein, war man relativ sicher, denn auf längere Belagerungen konnten sich die Wikinger nicht einlassen. Über Jahrhunderte bewährte sich die* **Taktik** *der Mönche, und manche Klöster überstanden eine ganze Reihe von Angriffen. Ihr Ende kam erst mit der normannischen Invasion – vor allem aber mit ihrer Verweltlichung und dem damit verbundenen Verlust an innerer Kraft und Glaubensstärke.*

Großartiges Restaurant mit hervorragenden Gerichten in einem ehemaligen Kirchengebäude, gehobene Preisklasse.

16 Cahir

Eine monumentale Burganlage spielt in diesem Ort die Hauptrolle.

Durch seine Lage an der Schnittstelle zweier wichtiger Verbindungsstraßen und durch die Nähe zum Rock of Cashel kommen mehr Touristen nach Cahir, als

69

In den Südwesten – Cahir

Früher uneinnehmbar, heute viel besucht: Cahir Castle liegt auf einer Insel im Fluss Suir

es die Sehenswürdigkeiten des Ortes vermuten ließen. Hauptattraktion ist **Cahir Castle** (Mitte Febr.–März tgl. 10–13 und 14–15.45, April–Mitte Juni, Mitte Sept.–Mitte Okt. 10–17.15, Mitte Juni–Mitte Sept. 9–18.45 Uhr), das auf einer Insel im Suir, liegt. Die ältesten Gemäuer der Burg gehen auf das Jahr 1142 zurück. Im 13. Jh. bauten die Butlers hier ihren Familiensitz aus. Lange Zeit galt die Burg als uneinnehmbar, doch den Kanonen, mit denen sie 1599 beschossen wurde, hielt sie nicht stand. Später wurde sie von Cromwell erobert. Trotz der Schäden, die sie immer wieder erlitt, befindet sie sich heute in gutem Zustand. Ihre Mauern mit den runden und quadratischen Türmen umschließen drei Innenhöfe, im äußeren steht ein Cottage aus dem 19. Jh. Hier wird in einer audiovisuellen Show Wissenswertes über die Monumente der Umgebung gezeigt. Insbesondere vom dreistöckigen *The Keep* genannten Turm im mittleren Innenhof hat man eine hervorragende Aussicht über die Flusslandschaft des Suir.

Etwa 2 km südlich von Cahir, im *Cahir Park* am Suir, liegt das Anfang des 19. Jh. für die ›Butlers of Cahir‹ errichtete **Swiss Cottage** (Führungen Mitte März–April und Okt./Nov. Di–So 10–13 und 14–15.45, Mai–Sept. tgl. 10–17.15 Uhr). Die Idee zu diesem strohgedeckten Haus im ländlichen Stil lieferte Marie-Antoinette, die sich 20 Jahre zuvor in Versailles das Hameau de Trianon hatte einrichten lassen. Hier wie dort verbirgt sich hinter der rustikalen Fassade größte Eleganz.

Ausflug

Viele Möglichkeiten zum Wandern und Radfahren in einer Landschaft von romantischem Reiz bieten sich etwa 25 km nordwestlich von Cahir im **Glen of Aherlow**, einem sehr idyllischen Tal der Galtee Mountains.

Man folgt zunächst der N 24 Richtung *Tipperary* – das außer dem Lied ›It's a long way to Tipperary‹ nichts vorweisen kann, was einen hohen Bekanntheitsgrad hätte – und zweigt bei Bansha auf die R 663 nach links ab. Nach wenigen Kilometern ist man im Tal und kann auf die Wanderschuhe umsteigen.

Cahir / Cork

Praktische Hinweise

Tel.-Vorwahl Cahir: 052
Information: Tourist Office, Cahir Castle, Castle Street, Tel. 41453.

Hotels

*****Kilcoran Lodge**, Cahir, Tel. 41288, Fax 41994, Internet: www.tipp.ie/kilcoran.htm. Ehemaliges Jagdhaus in ländlicher Umgebung mit Swimmingpool, Sauna, Solarium und Fitnessraum.

Brookfield House, Mrs. M. English, Cashel Road, Cahir, Tel. 41936. Bed & Breakfast etwa 1 km außerhalb.

17 Cork

Hafen und Verkehrsknotenpunkt im Süden der Insel.

Die mit über 180 000 Einwohnern zweitgrößte Stadt der Republik Irland an der Mündung des River Lee ist nach wie vor ein wichtiger Ausfuhrhafen. Hier werden außerdem Schiffe gebaut, landwirtschaftliche Produkte verarbeitet, Bier und Whiskey erzeugt. Und die Bewohner genießen immer noch den Ruf, ebenso heißblütig wie geistreich zu sein.

Geschichte Der hl. Finbar ließ sich im 6. oder 7. Jh. am Südufer des Flusses Lee nieder und gründete ein Kloster, das zum Kern der Stadt werden sollte. Es wurde mehrfach von den Wikingern geplündert, bis diese um 900 ganz in der Nähe eine Handelsniederlassung einrichteten. Langsam verschmolzen die beiden Siedlungen miteinander. Nach der Normanneninvasion stritten sich Iren und englische Krone jahrhundertelang um Cork. Mit der Eroberung durch Cromwell nahmen diese Auseinandersetzungen ein jähes Ende. Erst im späten 18. Jh. erlebte die Stadt als *Handels-* und *Wirtschaftszentrum* wieder einen Aufschwung. Von Bedeutung waren vor allem die Ausfuhr von Butter und die Glasherstellung. Was Anfang des 20. Jh. noch an mittelalterlicher Bausubstanz vorhanden war, ging in den Kämpfen unter, die der irischen Unabhängigkeitserklärung folgten.

Besichtigung Wer zu Stoßzeiten mit dem PKW in Cork unterwegs ist, muss mit Staus rechnen. Die Straßen sind eng, der Verkehr ist nicht sehr effektiv geregelt. Das Stadtzentrum liegt auf der Insel zwischen den beiden Kanälen des *Lee*. Hauptverkehrsader ist die St. Patrick's Street, die an der St. Patrick's Bridge beginnt und dann nach Westen abbiegt. An ihrem Ende erreicht man an der Grand Parade einen der Eingänge zum **English Market** ❶, einer großen Halle aus Backstein, in der ein reges Markttreiben herrscht. Wer sich mehr zur Kunst hingezogen fühlt, kann ganz in der Nähe, in der **Crawford Municipal Art Gallery** ❷ (Mo–Sa 10–17 Uhr) am Emmet Place, Repliken antiker Statuen und Gemälde irischer Künstler bewundern. Unmittelbar an die Galerie schließt sich das **Opera House** ❸ an. Von dort ist am gegenüberliegenden Ufer, am Pope's Quay, **St. Mary's Church** ❹ zu sehen, eine neoklassizistische Kirche aus dem 19. Jh. Hinter ihr erstreckt sich der Stadtteil *Shandon*, den die an ihrem zweifarbigen Turm leicht erkennbare **St. Anne's Church** ❺ (tgl. 10–16 Uhr)

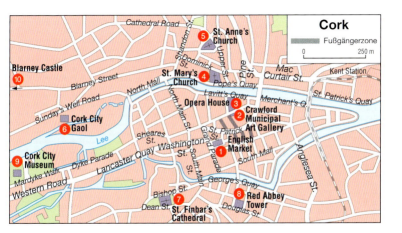

71

In den Südwesten – Cork

Cobh, der Hafen von Cork: Tausende von irischen Auswanderern verabschiedeten sich hier im 19. Jh. von ihrer Heimat

überragt. Sein Zwiebeldach krönt eine Wetterfahne in Form eines Fisches; die Behauptung, sie erinnere daran, dass die Lachsfischerei im Lee einst den Mönchen vorbehalten war, ist nicht bewiesen. Das Viertel in der Umgebung der Kirche, in dem auch *Skiddy's Almshouse*, ein Armenhauskomplex aus dem 18. Jh. steht, ist der anheimelndste Teil von ganz Cork. Weiter westlich, an der Sunday's Well Road, wurde das ehem. Gefängnis **Cork City Gaol** ❻ (März–Okt. tgl. 9.30–18, Nov.–Febr. Mo–Fr 10.30–14.30, Sa/So 10–17 Uhr) als Museum eingerichtet. Darin kann man sich anhand von Zellen mit Original-Möblierung und anderen Ausstellungsstücken über Justizwesen und Strafvollzug im 19. Jh. informieren.

Südlich des Zentrums bzw. der Lee-Insel erhebt sich an der Bishop Street **St. Finbar's Cathedral** ❼, deren 40 m hoher Turm den Südteil Corks dominiert. Die protestantische Bischofskirche im Stil der französischen Gotik wurde 1879 eingeweiht und nimmt kunsthistorisch keinen sehr hohen Rang ein. Sie dürfte ziemlich genau über der Stelle errichtet worden sein, an der sich einst das Kloster des hl. Finbar befand. Weiter östlich steht in der Mary Street der **Red Abbey Tower** ❽, der Überrest einer mittelalterlichen Augustinerabtei.

Das **Cork City Museum** ❾ (Mitte April–Dez. Mo–Fr 11–13 und 14–17, Sa 15–17 Uhr) im Westen der Stadt im Fitzgerald Park, stellt geschichtliche Dokumente sowie archäologische und geologische Fundstücke aus.

Verlässt man Cork in nordwestlicher Richtung auf der Blarney Street, kommt man nach 8 km zum **Blarney Castle** ❿ (tgl. 9.30–18 Uhr, im Winter bis zum Sonnenuntergang), einem Turmhaus aus der Mitte des 15. Jh., das von ausgedehnten Gärten umgeben ist. Eine Wendeltreppe führt in das oberste Stockwerk hinauf, wo in eine der Zinnen der *Blarney Stone* eingelassen ist. Wer den Stein küsst, der erlangt, wie es heißt, ungeahnte rhetorische Fähigkeiten. Es ist wohl hauptsächlich der Wunsch nach Beredsamkeit, der die Touristen nach Blarney

Cork / Gougane Barra

strömen lässt, denn die Burg an sich ist keine außerordentliche Sehenswürdigkeit. Bekannt ist sie vor allem wegen einer Legende: Der Burgherr MacCarthy soll wiederholt von Königin Elisabeth I. aufgefordert worden sein, sein Land der Krone zu übergeben, um es dann als Lehen zurückzubekommen. MacCarthy widersetzte sich dem Begehren nicht direkt, aber er gab ihm auch nicht nach. Vielmehr redete und argumentierte er so lange, bis die Königin ausrief: »Alles Blarney«! Das Wort ›Blarney‹ ist bis heute ein Ausdruck für wortreiches, aber inhaltsleeres Gerede.

Praktische Hinweise

Tel.-Vorwahl Cork 0 21
Information: Tourist Office,
Aras Fáilte, Grand Parade, Tel.
27 32 51, Fax 27 35 04, Internet:
www.southwestireland.travel.ie.

Hotels
***Garnish Guesthouse**, Western Road, Tel. 4 27 51 11, Fax 4 27 38 72, Internet: www.garnish.ie. Beliebte Unterkunft, besonders wegen des ausgezeichneten Frühstücks.
***Imperial**, South Mall, Tel.
4 27 40 40, Fax 4 27 53 75, Internet: www.flynnhotels.com. Hotel in zentraler Lage in reizvollem, gut restauriertem Gebäude aus dem 19. Jh.
Oakland, Ms. E. Murray, Lower Glanmire Road, Tel. 4 50 05 78. Behagliches Bed & Breakfast.

Restaurant
Captain's Table Restaurant, im Actons Hotel, Pier Road, Kinsale, Tel. 4 77 21 35. Das preisgekrönte Gourmetlokal liegt etwa 25 km außerhalb Corks. Es ist zu Recht eines der bekanntesten Restaurants in ganz Irland.

18 Gougane Barra

Nationalpark mit Wanderwegen in äußerst stimmungsvoller Umgebung.

Der *Lough Gougane Barra* ist ein tiefer, dunkler Bergsee, der auf drei Seiten von den steilen, dicht bewachsenen Bergen der *Shehy Mountains* umgeben ist. Der höchste von ihnen, der *Conicar*, erreicht immerhin eine Höhe von 572 m; von seinem oder dem Gipfel des *Bealick* aus hat man eine großartige Aussicht auf die Bantry Bay. Selbst bei schlechtem Wetter ist die in den 60er-Jahren des 20. Jh. zum Nationalpark erklärte Gegend um den See ein Erlebnis: Der See, aus dem der *River Lee* hervorgeht, wird aus vielen kleinen Wasserläufen gespeist, die nach einem heftigen Regenguss zu Wasserfällen werden. Der Park bietet außerdem hervorragende **Wandermöglichkeiten**.

Im 6. oder 7. Jh. ließ sich der hl. Finbar, der Gründer von Cork, auf der Insel im See von Gougane Barra nieder. Von dem Heiligen wird erzählt, dass er im See einen Drachen ertränkte – dieser war wohl dem hl. Patrick entgangen, als er derlei Ungetier aus Irland vertrieb [s. S. 104]. Finbar bekam mehr Zulauf, als ihm lieb war, und so zog er sich weiter in die Einsamkeit zurück und überließ die Insel seinen Schülern. Im 18. Jh. war sie ein beliebtes Pilgerziel, Anfang des 20. Jh. errichtete man auf ihr eine kleine **Kirche**, sie ist über einen Damm erreichbar. Die acht *Höhlen,* die als Mönchszellen ins Erdreich gegraben wurden, sind etwa 300 Jahre alt.

Praktische Hinweise

Hotel
****Gougane Barra Hotel**, Tel.
026/4 70 69, Fax 4 72 26, Internet: www.gouganebarra.com/hotel.htm. Angenehmes Haus nahe dem Parkeingang mit herrlichem Blick auf den See und die Berge.

Die Kirche auf einer Insel im See von Gougane Barra – hierher hatte sich der hl. Finbar in die Einsiedelei zurückgezogen

Die Westküste – wo Europa endet

Die irische Westküste ist ein Landstrich voller Vielfalt. Das Klima ist im Süden milder als im Norden, Landschaft und Pflanzenwelt unterscheiden sich jeweils ebenso stark voneinander wie die gesprochenen Dialekte.

Die Grafschaft Kerry galt lange als rückständig und unterentwickelt. Ihre Bewohner sind der Gegenstand unzähliger Witze, die oft die Gewohnheit der *Kerrymen* aufs Korn nehmen, kaum direkte Antworten auf klare Fragen zu geben. Dies ist auch eine Eigenheit des Irischen, das hier lange noch Umgangssprache war. Viele der ›Bilderbuchdarstellungen‹ Irlands stammen aus dem Südwesten; sie haben dazu beigetragen, dass dieser heute nicht nur verkehrsmäßig gut erschlossen, sondern zu einer ausgesprochen **beliebten Ferienregion** geworden ist.

Die herbe Schönheit des Landes lässt leicht den Umstand vergessen, dass viele seiner Bewohner auswandern mussten, weil die kargen Böden sie nicht ernähren konnten. Wer *Heinrich Bölls* in den 50er-Jahren des 20. Jh. verfasstes ›Irisches Tagebuch‹ gelesen hat, in dem er von der Abgeschiedenheit der Region und Schicksalsergebenheit der Bewohner berichtet, wird davon heute nicht mehr viel bemerken. Zu verspüren ist allerdings nach wie vor die *Warmherzigkeit* und das *Entgegenkommen* der Bevölkerung – insbesondere dort, wo kommerzielles Denken noch nicht deren Leben bestimmt.

19 Garinish Island

Meisterhafte Gartenarchitektur und subtropische Pflanzen.

Die Gegend um die *Bantry Bay* ist heute dank ihres landschaftlichen Reizes ein beliebtes Ferienziel. Eine Attraktion besonderer Art ist Garinish Island, das eine Reihe von Bootsunternehmen von *Glengarriff* aus ansteuert. Fahrpreis und Länge des Aufenthaltes werden jeweils vor Abfahrt ausgehandelt. Keiner der Bootsführer versäumt es, seine Gäste bis dicht an den Felsen heranzufahren, der das ganze Jahr über ein bevorzugter Aufenthaltsort von **Robben** ist. Das auch im Winter milde Klima bewog den Parlamentsabgeordneten *Annan Bryce*, auf *Ilnacullin* – so der irische Name der Insel – einen Garten mit tropischen und subtropischen Pflanzen anzulegen. 1953 ging die Insel in öffentlichen Besitz über.

Erster Anlaufpunkt auf Garinish Island (März–Okt. ganztägig geöffnet) ist ein kleines *Visitor Centre*, in dem eine Broschüre erhältlich ist, die den gut ausgeschilderten Rundweg kommentiert und über die Pflanzenwelt Aufschluss gibt. Die hier existierende Pflanzenvielfalt ist ein wahres Wunder. Bewirkt wird es durch die gleichmäßigen Temperaturen, die der Golfstrom mit sich bringt, durch die geschützte Lage, die hohe Luftfeuchtigkeit und die großen Niederschlagsmengen. Regenschutz sollte nach Garinish Island zu jeder Jahreszeit mitgenommen werden!

Neben der Flora, die je nach Jahreszeit eine ganz unterschiedliche Pracht entfaltet, machen die *Gartenanlage* mit ihren reizvollen italienischen und antikisierenden Architekturelementen und nicht zuletzt die Ausblicke auf die Küsten, Berge und Inseln in und um Bantry Bay Garinish Island zu einer Sehenswürdigkeit ersten Ranges.

◁ *Bilderbuchlandschaften im Westen Irlands: Küstenabschnitte von ganz unterschiedlichem Charakter erstrecken sich entlang des Ring of Kerry (***oben** *und* **unten***). Und der Aussichtspunkt Ladie's View bietet einen berauschenden Blick auf die Seen von Killarney (***Mitte***)*

Die Westküste – Garinish Island

Die Gärten von Garinish Island: Ein Stück Italien im Westen Irlands

Praktische Hinweise

Tel.-Vorwahl Glengarriff: 0 27

Bootsausflüge
Ted McCarthy, Glengarriff, Tel. 6 31 16 und 0 87/2 34 58 61

Hotels
****Casey's**, Glengarriff, Tel./Fax 6 30 72. Kleines, familiäres Hotel, im Zentrum von Glengarriff gelegen.

****Glengarriff Eccle's**, Glengarriff Harbour, Tel. 6 30 03, Fax 6 33 19, Internet:

Dunkles Bier und traditionelle Musik im Singing Pub – eine Mischung, die mitunter unvergessliche Abende beschert

www.eccleshotel.com. Einfaches Hotel nahe des Bootsanlegeplatzes.

Maureen's, Mrs. M. McCarthy, Tel. 6 32 01, Fax 6 35 26. Nettes Bed & Breakfast.

20 Killarney und Killarney National Park

Mittelpunkt einer herrlichen Seen- und Parklandschaft.

Es ist vor allem die schöne Lage von **Killarney**, die die Stadt zu einem Zentrum des Fremdenverkehrs werden ließ. Das bedeutendste Bauwerk ist die neogotische *St. Mary's Cathedral* aus der Mitte des 19. Jh., darüber hinaus gibt es kaum Sehenswürdigkeiten. Doch das Freizeitangebot ist groß: In und um Killarney kann man Fahrräder mieten, mit Pferden ausreiten, Lachse angeln und Golf spielen oder das weite Netz von Wanderwegen erkunden. Berühmt ist die Stadt auch für ihre *Singing Pubs* – große Hoffnungen, hier wirklich gute traditionelle irische Musik zu hören, sollte man sich jedoch vorsichtshalber nicht machen.

Muckross Abbey: Eine Klosterruine, die Romantiker begeistern muss

Die drei größeren Seen Killarneys, der *Lough Leane*, der *Muckross Lake* und der *Upper Lake* liegen in einem Tal, das sich von der Stadt aus nach Süden zieht und in seiner Gänze zum **Killarney National Park** gehört. Das etwa 10 000 ha umfassende Areal schützt unter anderem die größten verbliebenen Eichenbestände Irlands und ist zudem die Heimat einer Rotwildherde.

Um den Lough Leane rankt sich die schaurige Legende vom Stammesfürsten O'Donoghue, der unter Wasser ewigen Hof halten soll, da sein Familiensitz **Ross Castle**, am Ostufer des Sees, von Cromwells Soldaten eingenommen wurde. Jedes Jahr am 1. Mai vor Sonnenaufgang soll der Fürst einmal kurz auftauchen. Mit einigem Glück, so heißt es, könne man ihn bei dieser Gelegenheit sehen. Vom Pier setzen Boote über nach **Innisfallen**, der größten der Inseln im Lough Leane. Auf ihr gründete der hl. Finian,

Der Killarney Nationalpark hat viel zu bieten: Beschaulichkeit an den Ufern des Lough Leane

Die Westküste – Killarney und Killarney National Park

*Zweifelsohne ein Vergnügen: Die Besichtigung des Kunstgewerbemuseums im Muckross House oder der Besuch von dessen Gärten (**oben**). Wer diesem Ort einen Besuch abstatten möchte, lässt sich am besten mit einem ›Jauntycar‹ (**unten**) kutschieren*

der Aussätzige, im 7. Jh. ein Kloster, das dereinst einen Ruf als Ort allerhöchster Gelehrsamkeit genoss. Zwischen 1215 und 1320 wurden hier die *Annalen von Innisfallen* verfasst, die heute eines der wichtigsten Dokumente zur irischen Frühgeschichte darstellen.

Am östlichen Ufer des Lough Leane findet man in einem parkähnlichen Gelände die Ruinen von **Muckross Abbey**. Der Gebäudekomplex liegt inmitten eines Friedhofs, ist von hohen Bäumen umgeben und strahlt eine angenehme Ruhe aus. Durch die einige Jahre zurückliegende Restaurierung ging von der einstigen Atmosphäre jedoch viel verloren. Die Abtei war zwar bereits 1340 von den Franziskanern gegründet, aber bald wieder aufgegeben worden. 1448 begann Donal MacCarthy Mór mit einer 50 Jahre dauernden Wiederherstellung. Die erhaltenen Gebäude stammen im Wesentlichen aus dieser Zeit. Dass sie in mehreren Abschnitten errichtet wurden, ist an den unterschiedlichen Stilen erkennbar, die sich an den Fenstern und Kreuzgangarkaden zeigen. Als letzter Bauteil entstand der Vierungsturm, der die ganze Breite des Kirchenschiffs einnimmt.

Das **Muckross House** (Nov.–März tgl. 9–17.30 Uhr, sonst 9–18 Uhr, Juli und Aug. 9–19 Uhr) ist von der Abtei aus zu Fuß oder mit einem *Jaunty car*, einer Pferdekutsche, leicht erreichbar. Über sechs Generationen hinweg lebten die Herberts in Muckross. Ihren Reichtum schöpften sie unter anderem aus dem Betrieb von Kupferminen. Im Zusammenhang damit beschäftigten sie Ende des 18. Jh. einen Geologen namens *Rudolph Erich Raspe* – besser bekannt als der Erzähler von Baron Münchhausens

Abenteuern. Raspe starb 1794 an Scharlach und liegt auf dem benachbarten *Killegy Cemetery* begraben. Das jetzige Muckross House wurde 1843 im elisabethanischen Stil errichtet. Heute beherbergt es ein Museum mit Kunstgewerbegegenständen aus der Region. Zum Muckross House gehören die *Muckross Gardens*, die besonders zur Zeit der Rhododendron- und Azaleenblüte im Mai und Juni attraktiv sind.

Von hier aus bietet sich der **Torc Waterfall** südöstlich des Lough Leane als Ziel eines etwa einstündigen Spaziergangs auf gut ausgeschilderten Wanderwegen an. Eilige können ihn auch von der Straße aus über einen kürzeren Pfad erreichen. Den wahrscheinlich besten Blick über die Seenlandschaft genießt man von **Ladie's View**, einem Aussichtspunkt südlich des Upper Lake direkt an der N 71. Westlich des Nationalparks gibt es einen weiteren beliebten Ausflugsort: die 10 km lange **Gap of Dunloe**, eine Schlucht mit Wasserfällen und drei kleineren Seen.

Praktische Hinweise

Tel.-Vorwahl Killarney: 064
Information: Tourist Office, Town Hall, Tel. 31633

Bootsverleih
Ross Castle Pier, Henry Clifton, Ross Road, Tel. 32252. Boote mit und ohne Bootsmann, Angeltouren.

Hotels
***Torc Great Southern**, Park Road, Killarney, Tel. 31611, Fax 31824, Internet: www.gsh.ie. Modernes, von einer Gartenanlage umgebenes Drei-Sterne-Hotel, 5 Minuten vom Zentrum Killarneys entfernt.

Crab Tree Cottage, Mangerton Road, Muckross, Tel./Fax 33169, E-Mail: crabtree@eircom.net. 4 km außerhalb von Killarney, unmittelbar am Kerry Way gelegenes Bed & Breakfast.

Lake Lodge Guest House, Muckross Road, Killarney, Tel. 33333, Fax 35109. Gemütliches Gasthaus nahe am See, 10 Minuten Fußweg vom Zentrum.

Muckross Lodge, Mrs. Bernadette O'Sullivan, Muckross Road, Killarney, Tel./Fax 32660, E-Mail: muckrosslodge@eircom.net. Freundliches Bed & Breakfast nahe dem Killarney National Park.

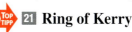

21 Ring of Kerry

Eine der schönsten Küstenstraßen Europas, rund um die Halbinsel Iveragh.

»Hier wundert man sich«, schrieb John M. Synge, »warum noch jemand in Dublin oder London oder Paris wohnt, wo doch ein Leben in einem Zelt oder einer Hütte, hier, an dieser großartigen See und unter diesem Himmel, hier, wo man Luft atmen kann, die wie Wein schmeckt, so viel besser erscheint.« Synge war nicht der einzige, der die Schönheit Kerrys gepriesen hat – und inzwischen ist sie von vielen entdeckt worden. Das Meer und der Himmel aber, die den Rahmen für diese grandiose Landschaft abgeben, haben nichts von ihrem Reiz eingebüßt.

Für die meisten Reisenden beginnt und endet die knapp 200 km lange Fahrt in Killarney. Da sämtliche Touristenbusse den *Ring of Kerry* in der dem Uhrzeigersinn entgegengesetzten Richtung umfahren, sollte man, um sich ständige Ausweichmanöver zu ersparen, unbedingt das gleiche tun. Das erste Ziel ist daher der Ort **Killorglin**, vor allem bekannt durch seine *Puck Fair*. Dieses Fest, das jedes Jahr von 10. bis 12. August gefeiert wird, geht auf einen heidnischen Brauch zurück. Alles dreht sich um einen wilden Ziegenbock, dem drei Tage lang als König gehuldigt wird.

Die nächste größere Ansiedlung ist **Cahirciveen**, der Geburtsort von Daniel O'Connell. Der Zustand seines Geburtshauses, eine zum Verkauf stehende Ruine, lässt nicht auf die Verehrung schließen, die er im Volk genießt. Etwa 3 km hinter der Ortschaft zweigt die Straße nach **Valencia Island** ab, von wo aus bei gutem Wetter die Boote zu den *Skelligs* ablegen. Auf dieser Inselgruppe nisten zahlreiche Vogelarten, berühmt aber ist sie vor allem für das *Kloster des hl. Fiónán* auf **Skellig Michael**, der größten der Inseln. Es wurde im 7. Jh. gegründet und besteht aus der Ruine der *St. Michael's Church*, einem *Gebetshaus* und sechs *Clocháns*, den Wohnzellen der Mönche. Das Anlegen auf Skellig Michael ist den Bootsführern seit der Aufnahme der Felseninsel in die UNESCO-Liste des Weltnaturerbes 1996 nicht mehr gestattet.

Über **Waterville**, einem beliebten Ferienort, gelangt man nach **Caherdaniel**, das ausgesprochen malerisch an der *Derrynane Bay* liegt. Knapp 2 km west-

Die Westküste – Ring of Kerry

lich des Ortes steht an einer Seitenstraße das **Derrynane House**, in dem Daniel O'Connell 20 Jahre lang gelebt hat und das nun als *Museum* eingerichtet ist. Kurz hinter Caherdaniel ist unterhalb der Straße in einer Rechtskurve das grasüberwachsene Rund eines Ringforts zu erkennen. Eine weit besser erhaltene Anlage dieser Art ist das ca. 5 km entfernt gelegene **Staigue Fort**, das als eines der bedeutendsten Ringforts Irlands gilt. Man erreicht es, wenn man der nächsten Abzweigung nach links folgt. Es hat einen Durchmesser von ca. 30 m, die Mauern sind bis zu 4 m dick. Die genaue Entstehungszeit des Forts ist umstritten.

In der Gegend von **Sneem** und **Parknasilla**, zwei überaus hübschen Orten, nimmt der Charakter der Landschaft vorübergehend lieblichere, nahezu südländische Züge an.

Am Ende der nun ziemlich geradlinig an der Bucht entlanglaufenden N 70 liegt das für seine farbenfrohen Fassaden bekannte **Kenmare**. Es wurde 1670 von Sir William Petty als Wohnsiedlung für die englischen Arbeiterfamilien angelegt, die in seinen Eisengießereien beschäftigt waren. Im Nordwesten der Ortschaft spannt sich eine bemerkenswerte Brücke über den Fluss; ihr Gewölbebogen ist so steil, dass sie für Fahrzeuge nicht benutzbar ist. Vielleicht war dies der Grund für die Entstehung der Legende, Cromwell habe sie mit Hilfe des Teufels innerhalb einer Stunde gebaut. Allerdings weiß man von Cromwell sicher, dass er nie hier war; vom Teufel ist es ungewiss.

Ganz in der Nähe der Brücke umgibt ein *Steinkreis* ein *Dolmengrab*. Mit solchen steinzeitlichen Monumenten ist die Halbinsel Iveragh ebenso reich gesegnet wie mit Ringforts aus der Bronzezeit, Inschriftensteinen aus der frühen christlichen Periode und Ruinen aus der Epoche der Normannenherrschaft. Die Anschaffung einer Faltkarte, auf der diese Sehenswürdigkeiten verzeichnet sind, empfiehlt sich für all jene Besucher, die vorhaben, etwas länger zu bleiben und tiefer in

Ring of Kerry

Oben: *Am Ring of Kerry laden viele Fleckchen zum Verweilen ein*

Unten: *Das Staigue Fort stellt eine der frühen Verteidigungsanlagen dar, die von der Landbevölkerung für Feenburgen gehalten wurden und deshalb unangetastet blieben* die Geschichte einzudringen. Im Übrigen bietet Iveragh nicht nur entlang seiner Küste, sondern auch im Inneren eine reiche kulturelle Hinterlassenschaft, herrliche Landschaften und eine Vielzahl von Möglichkeiten zur Freizeitgestaltung.

Die Westküste – Ring of Kerry / Dingle

Praktische Hinweise

Tel.-Vorwahl: 066

Boote nach Skellig Michael
Brendan O'Keefe, Tel. 9 47 71 03.
J. B. Walsh, Tel. 9 47 91 47

Hotels
***Bianconi**, Killorglin, Tel. 9 76 11 46, Fax 9 76 19 50. Hotel mit gutem Restaurant 18 km von Killarney.
****Scarriff Inn Guest House**, Caherdaniel, Tel. 9 47 51 32, Fax 9 47 54 25, Internet: www.caherdaniel.net. Gasthaus mit großartigem Meerblick direkt am Ring of Kerry.

Restaurant
The Old School House, Cahirciveen, Tel. 9 47 35 19. Das Lokal genießt einen guten Ruf als Meeresfrüchte-Restaurant der mittleren Preisklasse.

22 Dingle

Wie die Halbinsel Iveragh von großem landschaftlichem Reiz und reich an historischer Hinterlassenschaft.

Als Ausgangspunkt für eine Fahrt rund um die Halbinsel Dingle bietet sich der Ort Castlemaine an. Auf der R 561 nach Westen erreicht man nach ca. 15 km **Inch Beach**, einen Badestrand, der jedoch den meisten Besuchern eher für Strandwanderungen geeignet erscheint. Er liegt an der Westseite einer Landzunge, die markant über die Küstenlinie herausragt.

Die nächste größere Ortschaft ist bereits **Dingle Town** mit etwa 1500 Einwohnern. Als Marktflecken hat Dingle für die ländliche Bevölkerung der Umgebung Bedeutung, seine wichtigste Funktion ist jedoch diejenige als Fischereihafen. Auch hier hat man sich längst auf den Tourismus eingestellt, allerdings spielt er bei weitem nicht die Rolle wie in Killarney oder entlang des Ring of Kerry. Die Küstenstraße führt über **Ventry** weiter nach Westen, vorbei an einer Reihe von Bienenkorbhütten in mehr oder weniger gutem Zustand. Die meisten liegen auf Privatgrund; die Bauern verlangen für den Zutritt Gebühren.

Der westlichste Punkt, den die Straße erreicht, ist der **Slea Head**. Von hier aus hat man einen herrlichen Ausblick auf die meerumtosten **Blasket Islands**, die bis in die 50er-Jahre des 20. Jh. hinein bewohnt waren. Mehrere Schriftsteller haben in irischer Sprache das harte Leben der Inselbewohner geschildert, u. a. Thomas O'Crohan in ›Die Boote laufen nicht mehr aus‹. Von **Dunquin** aus besteht eine

Das Städtchen Dingle auf der gleichnamigen Halbinsel ist ein bedeutender Fischereihafen und Ausgangspunkt für Rundfahrten

Dingle

Aus dem Netz direkt in die Küche: Besucher der Halbinsel Dingle wissen den frischen Fisch, der hier angeboten wird, zu schätzen

Fährverbindung zu den Blaskets. Im Dorf ist noch das Schulhaus zu besichtigen, das für die Aufnahmen zu dem Film ›Ryan's Daughter‹ gebaut wurde, den David Leans 1969 hier drehte.

Auf der Weiterfahrt nach **Ballyferriter** kann man an den Hügeln rechter Hand Straßen sehen, die sich parallel zueinander nach oben winden und scheinbar im Nichts enden. Diese sog. *Famine roads* wurden während der Hungersnot Mitte des 19. Jh. im Rahmen von Arbeitsbeschaffungsmaßnahmen angelegt. An der *Smerwick Bay* erinnern die Überreste von **Dún an Oir** an die Niederschlagung einer Rebellion gegen die Engländer im 16. Jh. Das ›Goldene Fort‹ diente den Aufständischen als Stützpunkt, wurde jedoch schnell eingenommen; alle 600 Mann der Festung fanden im folgenden Gemetzel den Tod.

Auf der anderen Seite der Bucht liegt *Ballydavid*, westlich davon **Kilmalkedar** mit einer der hübschesten romanischen Kirchen Irlands. Die *Kilmalkedar Church* stammt aus dem 12. Jh. und hat in Dekoration und Konstruktion Ähnlichkeit mit Cormac's Chapel [Nr. 15]. Die Innenwände sind mit Blendarkaden verziert, das nicht mehr vorhandene Originaldach war in Kragbauweise errichtet. Der Giebel weist Elemente auf, die offenkundig die ursprüngliche Holzarchitektur imitieren. Am Eingang des erst später entstandenen Chors steht der sog. *Alphabetstein*: dem eingemeißelten lateinischen Kreuz wurden nachträglich Buchstaben hinzugefügt, die wohl Lehrzwecken dienten.

Das **Gallarus Oratorium** in Sichtweite ist das berühmteste Bauwerk auf der Halbinsel Dingle. Das Gebetshaus, das etwa 1000 Jahre alt sein dürfte, ist so solide konstruiert, dass es bis auf den heutigen Tag zuverlässig den Regen abhält. Am Fuße des wenig weiter östlich aufragenden **Mount Brandon** – dem mit 953 m zweithöchsten Berg Irlands – sind noch Dutzende weiterer frühchristlicher Kirchen, Gebetshäuser und Gedenksteine erhalten. Auch auf dem Berg finden sich Bienenkorbhütten und anderes Mauerwerk – möglicherweise die Überreste eines Klosters, das im 6. Jh. vom hl. Brendan gegründet wurde.

Der Weg führt nun zurück nach Dingle und von dort nach Norden über den **Connor Pass**, der bis zu 456 m aufsteigt und damit der höchste irische Bergpass ist. Er bietet wunderbare Ausblicke auf Dingle Town und den Mount Brandon. Für Busse ist er nicht befahrbar.

Auf der R 560 entlang der Nordküste der Halbinsel gelangt man über **Blennerville**, dessen Wahrzeichen die vor wenigen Jahren renovierte Windmühle ist, nach **Tralee**, der Hauptstadt von County Kerry. Die meisten Iren denken bei der Erwähnung Tralees an das *Rose of Tralee*

Die Westküste – Dingle / Limerick

Die Form des Gallarus-Oratoriums mit seinem bewundernswert exaktem Mauerwerk wird häufig mit einem umgekehrten Boot verglichen

Festival, einen Schönheitswettbewerb, der seit mehr als 40 Jahren alljährlich im August ausgetragen wird.

Den zahlreichen Aufständen, die die Stadt in ihrer Geschichte erlebt hat, sind sämtliche historischen Gebäude zum Opfer gefallen. In der *Ashe Memorial Hall* (Juli und Aug. tgl. 9.30–18, Sept.–Juni tgl. 15–17 Uhr) jedoch ist ein Tralee en miniature so wieder aufgebaut, wie es im späten Mittelalter ausgesehen haben

Sinnvolle Nutzung einer im Überfluss vorhandenen Energiequelle – die Windmühle von Blennerville

mag. Die Besucher durchfahren es in kleinen Wägelchen; Kinder haben daran besonders großen Spaß.

Eine echte *Dampfeisenbahn* verkehrt stündlich zwischen Tralee und Blennerville, auf einem vor einigen Jahren wieder eröffneten Abschnitt der 1953 stillgelegten Strecke nach Dingle.

Praktische Hinweise

Tel.-Vorwahl: 0 66
Information: Tourist Office, Dingle, The Pear (im Ortszentrum), Tel. 9 15 11 88. Tourist Office, Tralee, Ashe Memorial Hall, Denny Street, Tel. 7 12 12 88.

Hotels

*****Dingle Skellig**, Dingle, Tel. 9 15 02 00, Fax 9 15 15 01, Internet: www.dingleskellig.com. Angenehmes Hotel am Hafen mit Tennisplatz und eigenem, auf Fischgerichte spezialisiertem Restaurant.

*****The Abbey Gate**, Maine Street, Tralee, Tel. 7 12 98 88, Fax 7 12 98 21, Internet: www.abbeygate-hotel.com. Komfortables Stadthotel.

Sráid Eoin House, Mrs. Kathleen O'Connor, John Street, Dingle, Tel. 9 15 14 09, Fax 9 15 21 56. Gemütliches Bed & Breakfast.

Restaurant

TOP TIPP **Doyle's Seafood Bar**, 4 John Street, Dingle, Tel. 9 15 11 74.
Eines der besten Fischrestaurants des Landes, das hervorragende Lachs- und Austerngerichte auftischt. Hummer gilt als Spezialität, man sucht ihn sich lebend aus. Die Karte richtet sich nach dem täglichen Fang der Fischer.

23 Limerick

Mittelpunkt der Shannon Region mit ihrem umfangreichen Freizeitangebot.

Die Lage Limericks (80 000 Einw.) an der Schnittstelle mehrerer wichtiger Überlandstraßen, die Nähe zu den Freizeithäfen am Shannon sowie zum Shannon Airport machen es zu einem Mittelpunkt des Fremdenverkehrs. Reisenden, die Limerick umgehen wollen, steht die Fährverbindung über den Shannon von Tarbert nach Killimer zur Verfügung. Die Fähre verkehrt im Stundentakt, sie legt

Limerick

zur vollen Stunde von Killimer, zur halben Stunde von Tarbert ab; die Überfahrt dauert 20 Minuten.

Geschichte Wie die meisten irischen Hafenstädte wurde auch Limerick von den Wikingern gegründet. Bis zum Sieg Brian Borús über die Dänen war es ein ständiger Zankapfel zwischen diesen und den Iren. Auch die Vorherrschaft der Normannen war einige Zeit umstritten, das Mittelalter hindurch verhielt sich die Stadt der englischen Krone gegenüber jedoch loyal. Als Jakob II. 1690 dem Protestanten Wilhelm von Oranien unterlag, flüchteten sich die verbliebenen katholischen Truppen nach Limerick und leisteten unter der Führung von Patrick Sarsfield Widerstand, bis sie 1691 unter ehrenvollen Bedingungen abziehen durften. Kaum aber hatten sie Irland verlassen, setzten sich die Engländer über die getroffenen Vereinbarungen hinweg, indem sie beispielsweise den Katholiken die Ausübung ihrer Religion verwehrten.

Dass der Name der Stadt seit etwa einem Jahrhundert auch eine Versform bezeichnet, bedeutet nicht, dass diese hier erfunden wurde. Bei geselligen Anlässen sang man – nicht nur in Limerick – jene Stegreif-Verse, bei denen sich die erste, zweite und fünfte Zeile sowie die dritte und vierte aufeinander reimen. Hierauf folgte stets der Refrain ›Will you come up to Limerick‹.

Besichtigung Die Innenstadt unterteilt sich in drei Bezirke: English Town, Irish Town und Newtown Pery. Nördlich der Einmündung des Abbey River in den Shannon liegt *English Town*, mit den meisten mittelalterlichen Bauten, wie **King John's Castle**. 1210 war König Johann von England zur Einweihung der zu ihrer Zeit als uneinnehmbar geltenden Burg an den Shannon gekommen. Ende des 20. Jh. erfuhr die Festung eine gründliche Renovierung. Damals wurde auch das *Interpretative Center* (April–Okt. tgl. 9.30–17.30 Uhr, Nov.–März nur So, im Dez. kürzer) eingerichtet, das anhand von Modellen, einer Tonbildschau, Nachbildungen von Kriegsmaschinen u. Ä. die Stadtgeschichte erläutert.

Auf der anderen Seite der *Castle Street* steht der **Bishop's Palace**, der im 17. und 18. Jh. die Residenz des Bischofs von Limerick war. Heute ist in dem Gebäude ein Teil der Stadtverwaltung untergebracht. Ein kleiner Abstecher führt über

Wind, Sand und Meer – ein immer wiederkehrendes Bild an der irischen Westküste

die *Thomond Bridge*, an deren Ende links der geschichtsträchtige **Treaty Stone** aufgestellt ist. Auf diesem Stein wurden 1691 die Vereinbarungen unterzeichnet, die der Belagerung der Stadt durch die Engländer ein Ende setzten.

St. Mary's Cathedral, etwa 200 m südlich der Burg, ist das älteste Bauwerk der Stadt. Um 1180 wurde die Kathedrale von Donal Mór O'Brien, dem König von Munster, gegründet, nachdem er die normannische Siedlung zerstört und Limerick vorübergehend wieder unter irische Herrschaft gebracht hatte. Das *Westportal* der heute protestantischen Kirche stammt noch aus Donals Zeit, *Chor* und *Kapellen* wurden im 15. Jh. angefügt. Von allererster Qualität ist das Ende des 15. Jh. aus Eichenholz geschnitzte *Chorgestühl* mit seinen Darstellungen von Menschen, Tieren und Fabelwesen.

Irish Town ist das Viertel, das sich südlich des Abbey River ausdehnt. In der *Patrick Street* liegt direkt an der *Mathew Bridge* das **Custom House**, eines der ansehnlichsten Gebäude Limericks. Es wurde um 1760 im georgianischen Stil

Die Westküste – Limerick

Straßenszene in Limerick – nicht nur in Dublin gibt es georgianische Häuser mit reich verzierten Türen

erbaut und beherbergt seit 1996 das **Hunt Museum** (Di–Sa 10–17, So 14–17 Uhr), die neben dem Nationalmuseum in Dublin wohl bedeutendste Sammlung bronzezeitlicher, frühchristlicher und mittelalterlicher Fundstücke.

Die 1805 errichtete **Townhall** schräg gegenüber ist von nicht gerade überragender architektonischer Bedeutung. Über die nach wenigen Schritten links abzweigende *Ellen Street* gelangt man in die parallel zur Patrick Street verlaufende *Michael Street*, in der **The Granary** liegt, ein gelungen restaurierter Getreidespeicher aus dem 18. Jh. Eine etwas längere Wegstrecke führt nun zunächst weiter bis zum *Charlottes Quay*, der sich am Abbey River entlangzieht. An der nächsten Brücke über den Fluss folgt man der Broad Street nach rechts bis zum **St. John's Square.** Dieser Mitte des 18. Jh. angelegte Platz im Osten von Irish Town war einst die Wohngegend der Aristokraten. Im Bereich des Hospitals an seiner Nordwestseite sind noch Teile der mittelalterlichen **Stadtmauer** zu sehen, an der Südseite erhebt sich die 1860 erbaute, neogotische **St. John's Cathedral** mit ihrem 85 m hohen Turm. In den Häusern Nr. 1 und Nr. 2 ist das **Stadtmuseum** (Di–Sa 10–13 und 14–17 Uhr) untergebracht, das Münzen, Gemälde, Fotografien und andere Dokumente der Stadtgeschichte präsentiert.

Newtown Pery, der südlichste der drei Stadtteile, ist der Hauptgeschäftsbezirk. Hier sind die großen Hotels angesiedelt, die Einkaufszentren und der **People's Park** mit der städtischen Bibliothek und der **City Art Gallery** (Mo–Fr 10–13 und 14–18 Uhr, Sa 10–13 Uhr), die sich vor allem der modernen irischen Malerei widmet und Werke von *Jack B. Yeats* und *Sean Keating* besitzt.

Trutzige Burg am Shannon: King John's Castle ist das mächtigste Bauwerk Limericks

Limerick / Bunratty Castle

Als wären die Bewohner der Kemenate nur vorübergehend abwesend: Bunratty Castle hat seinen mittelalterlichen Charakter nicht verloren

Die Anlage von Newtown Pery geht, ebenso wie der Name des Stadtteils, auf *Edmond S. Pery* (1719–1806) zurück und entsprach ursprünglich ganz dem georgianischen Architekturstil. Ein Großteil der alten Häuser ist der Modernisierung zum Opfer gefallen; erst in den letzten beiden Jahrzehnten des 20. Jh. wurde die verbliebene Bausubstanz renoviert, wodurch Limerick deutlich an Attraktivität gewonnen hat.

Praktische Hinweise

Tel.-Vorwahl Limerick: 061
Information: Tourist Office, Arthur's Quay, Tel. 31 75 22, Fax 31 79 39

Hotels
*****Best Western Two Mile Inn**, Ennis Road, Tel. 32 62 55, Fax 45 37 83, Internet: www.bestwestern.com. Preiswertes Hotel außerhalb Limericks, 15 Minuten vom Shannon Airport.

The Irish House, Mrs. Frieda Caffrey, Ennis Road, Tel. 32 72 00. Bed & Breakfast außerhalb der Stadt.

Restaurant
Jasmine Palace, O'Connell Street, Tel. 41 24 84. Das beste chinesische Lokal der Stadt bietet kantonesische Küche zu erschwinglichen Preisen.

 24 Bunratty Castle

Besterhaltene mittelalterliche Burg Irlands mit angrenzendem Freilichtmuseum.

Bunratty Castle (Sept.–Mai tgl. 9.30–17.30, Juni–Aug. tgl. 9.30–18.30 Uhr) ist keine Burg im kontinental-europäischen Sinne, sondern ein imposantes dreistöckiges Turmhaus mit vier Ecktürmen. An der Stelle einiger Vorläuferbauten – die frühesten waren in wikingischer Zeit entstanden – errichteten die O'Briens 1467 die Festung, die ihnen bis zum Verlust an Cromwells Truppen im 17. Jh. als Familiensitz diente. Nach der vorübergehenden Nutzung der Burg als Polizeistation im 19. Jh. ging sie 1954 in den Besitz von Lord Gort über, der das Gebäude so gründlich restaurieren ließ, dass es in etwa sein früheres Aussehen zurückerhalten haben dürfte. Die Möbel, Wandbehänge und Gebrauchsgegenstände stammen vorwiegend aus dem späten Mittelalter.

Im Erdgeschoss, das man über eine Brücke betritt, ist ein Souvenirladen eingerichtet. Der größte Raum im ersten Stock ist die *Great Hall*, dereinst Speisesaal und Audienzraum der O'Briens, der späteren Earls of Thomond. Zu den eindrucksvollsten Kunstwerken zählen die französischen und flämischen *Wandteppiche*. Im zweiten Stock befinden sich die

Die Westküste – Bunratty Castle / Cliffs of Moher

ehemaligen Wohn- und Schlafgemächer, Gästezimmer und eine Privatkapelle. Die Räume enthalten zum Teil noch die originale Eichenholzvertäfelung und den Deckenstuck aus dem späten 16. Jh.

Die besondere Attraktion von Bunratty sind die *mittelalterlichen Bankette*, die hier abgehalten werden. Zu Harfenmusik und allerlei unterhaltsamen Darbietungen werden Speisen gereicht, die angeblich nach mittelalterlichen Rezepten zubereitet sind und die man mit den Fingern isst. Eher neuzeitlich erscheint die perfekte Abwicklung des Programms, die gewährleistet, dass die Teilnehmer der ersten Veranstaltung von 17.30 Uhr rechtzeitig denjenigen Platz machen, die für 20.45 Uhr gebucht haben.

Im **Bunratty Folk Park** (tgl. 9.30 – 17.30 Uhr), einem Freilichtmuseum direkt neben der Burg, wurden Bauernhäuser aus der Shannon-Region samt Einrichtung nach- oder wieder aufgebaut. Zu den Gebäuden entlang der ›Dorfstraße‹ gehören auch Geschäfte, eine Schmiede, ein Schulhaus und ein Weberschuppen sowie mehrere Stadthäuser aus dem 19. Jh. Ähnlich den Banketten in der Burg werden im Folk Park traditionelle irische Abende veranstaltet.

Praktische Hinweise

Tel.-Vorwahl: 061

Buchungen für Bankette und *Traditional Irish Nights*, Tel. 36 07 88, Fax 36 10 20

Knappogue Castle, bei Quin, 19 km nördlich von Bunratty, Tel. 36 81 03. Auch hier werden mittelalterliche Bankette veranstaltet.

 25 **Cliffs of Moher**

Spektakulärster Abschnitt von Irlands Steilküsten.

Fährt man die Klippen von Moher von Süden her an, so durchquert man den Ort **Liscannor**. Hier liegt an der rechten Straßenseite **Joseph McHugh's**, ein wirklich originelles und originales Pub, in dem an mehreren Abenden in der Woche musiziert wird. Auch ausgewählte irische Lebensmittel sind in dem Lokal zu erstehen. Liscannor ist auch als Übernachtungsort für jene geeignet, die die Klippen am Abend besuchen möchten. Dies bietet sich an, denn in der Dämmerung sind sie – bei gutem Wetter – besonders eindrucksvoll. Die Fahrzeit von Liscannor aus beträgt in etwa zehn Minuten.

Vom gebührenpflichtigen Parkplatz windet sich ein bequemer Gehweg, vorbei am *Visitor Centre* mit seinem Souvenir- und Coffeeshop, vorbei auch an zahlreichen Händlern, hinauf zu **O'Brien's**

Umwerfend – manchmal gar im wörtlichen Sinne: Die Cliffs of Moher sind einer der Hauptanziehungspunkte an der irischen Westküste

Cliffs of Moher / Burren

Einst Mittelpunkt einer Diözese und kirchliches Zentrum des Burren – heute wirkt die Kathedrale von Kilfenora eher unscheinbar

Tower, einem Aussichtsturm, der jedoch keine besseren Blicke eröffnen kann, als man sie schon vom Weg aus hat. Südwärts schaut man kilometerweit auf 200 m fast senkrecht ins Meer abfallende Klippen, in Richtung Nord und Nordwest auf die Galway Bay mit den Aran Islands. David Leans Film ›Ryan's Daughter‹, für den hier Aufnahmen gemacht wurden, hat stark zur Bekanntheit der Cliffs of Moher beigetragen; sie zählen heute zu den touristisch am stärksten frequentierten Sehenswürdigkeiten Irlands.

Praktische Hinweise

Hotel
Toomullin House, Mrs. O. Dowling, Doolin, Tel. 065/7074723, E-Mail: toomullin@eircom.net. Bed & Breakfast direkt bei einem sympathischen Musik-Pub.

 26 **Burren**

Bizarre Kalksteinlandschaft mit vielfältiger Flora und zahlreichen prähistorischen Monumenten.

Das Gebiet, das sich zwischen den beiden Orten Corofin, Kinvarra und der Küste über etwa 1000 km² erstreckt, heißt auf irisch *Boireann* – ›steiniger Platz‹. Damit ist die Region treffend beschrieben. Nirgendwo sonst auf den Britischen Inseln gibt es eine vergleichbare, überwiegend von Kalkstein geprägte Karstlandschaft. Zuerst mag sie karg und öde wirken, bei näherem Hinsehen jedoch offenbart sie nicht nur einen bizarren Reiz, sondern auch eine ungewöhnliche *Pflanzenvielfalt*.

Vor 350 Mio. Jahren bedeckte das Meer diese Region und Ablagerungen ließen den Kalkstein entstehen. Dann brachten Flüsse Schlamm und Sand, es bildeten sich Schichten von Schiefer und Sandstein. Durch eine Hebung des Geländes gerieten sie vor 270 Mio. Jahren über den Meeresspiegel, die Erosion trug sie wieder ab und legte den Kalkstein bloß. Vor 150 000 Jahren schoben sich Gletscher über das Land hinweg, hobelten tiefe Furchen in das Gestein und ließen bei ihrem Abschmelzen große Felsbrocken zurück. Aber auch die winzigen Samen arktischer und alpiner Pflanzen, die nun in den Spalten Wurzeln schlugen, hatten die Eismassen herbeitransportiert. Nach der Klimaerwärmung gesellten sich der vorhandenen Vegetation mediterrane Gewächse hinzu. Das Zusammentreffen so verschiedener Gattun-

Die Westküste – Burren

gen ist eine botanische Rarität, die nur schätzen kann, wer genau hinsieht.

Eine weitere Besonderheit des Burren ist die unüberschaubar große Anzahl von vor- und frühgeschichtlichen Monumenten. Dutzende von Dolmen und Hunderte von Ringforts sind über die Landschaft verstreut; aus dem Mittelalter stammen die Überreste einiger Kathedralen. Es muss also eine Zeit gegeben haben, in der der Landstrich mehr Menschen ernährt hat als in der Mitte des 17. Jh., als Cromwells General Ludlow den Burren so charakterisierte: »Nicht genug Wasser, um jemanden zu ersäufen, kein Baum, um ihn aufzuhängen, nicht ausreichend Erde, um ihn zu begraben.«

Als Ausgangspunkt für eine Tour durch den Burren eignet sich der Ort **Kilfenora** an der R 476, wo das *Burren Display Centre* (März–Okt. tgl. 10–17, Juni–Sept. tgl. 9.30–18 Uhr) Auskunft über Geologie, Geschichte, Flora und Fauna der Region gibt. Unmittelbar neben dem Centre liegt die *Kathedrale von Kilfenora*. Sie soll im 6. Jh. vom hl. Fachtnah gegründet worden sein, wird aber erst im Jahr 1055 urkundlich erwähnt. Die jetzige Kathedrale wurde um 1200 gebaut und war bis in das 17. Jh. hinein Mittelpunkt einer Diözese. Heute darf sie als einzige Kirche in Irland den Papst ihren Bischof nennen.

Am bekanntesten ist Kilfenora für seine Hochkreuze. Das eindrucksvollste ist das etwa 800 Jahre alte *Doorty Cross* vor der Westwand der Kathedrale. Im Unterschied zu den übrigen ist sein Kreuzring nicht durchbrochen. Auf seiner Ostseite ist eine Figur mit einem Bischofsstab dargestellt – vielleicht der hl. Petrus in seiner Eigenschaft als Bischof von Rom, vielleicht Christus als Abt der Erde. Die zwei kleineren Figuren mit den ineinander verschlungenen Armen sind entweder ein Bischof und der Abt des Klosters oder Kirchenväter, die von Christus die Anweisung erhalten, den Teufel zu bekämpfen, der zu ihren Füßen in Form eines Vogels ein Tier verschlingt. Die stark verwitterte Westseite zeigt den gekreuzigten Christus über einem irowikingischen Ornament, an dessen unteren Ausläufern sich ein reitender Mann festhält – möglicherweise Jesus beim Einzug nach Jerusalem.

Vor allem für sein *Match Making Festival* ist der 8 km nordwestlich von Kilfenora gelegene Kurort **Lisdoonvarna** berühmt.

Alljährlich am 1. September um 12 Uhr beginnt mit einem Tanz das große Treffen der heiratswilligen Singles. Matchmakers – Heiratsvermittler – gab es auch in anderen Gegenden Irlands, doch nur in Lisdoonvarna hat sich ihre Art, Ehen anzubahnen, tradiert.

Fährt man von Kilfenora aus in Richtung Osten, so gelangt man nach ca. 5 km zum **Leamaneh Castle**, einem Turmhaus aus dem 15. Jh., das im 17. Jh. um ein Herrenhaus im Tudorstil erweitert wurde. Die Straße (R 480), die nach diesem Bauwerk links in nördlicher Richtung abzweigt, führt direkt in das Herz des Burren. Nach etwa 8 km kommt man zur **Carran Church**, einem schlichten Bau, der als repräsentativ für die Pfarrkirchen des Mittelalters gelten darf. 1,5 km weiter liegt das bronzezeitliche **Polawack-Steinhügelgrab**. Man erreicht es am besten auf dem nach links abbiegenden Sträßchen Richtung Noughaval, an dem nach wenigen hundert Metern ein Schild auf das Grab verweist. Archäologische Untersuchungen brachten Gebeine von acht Verstorbenen sowie Austernschalen, einen Bärenzahn und einige Artefakte als Grabbeigaben zum Vorschein. Heute ist der über 2 m hohe Steinhügel mit seinem Durchmesser von 20 m wieder überwachsen, doch in seiner Anlage gut erkennbar.

Caherconnell wird das Ringfort genannt, das 1,5 km weiter, auf der linken Seite der Straße nach Ballyvaughan, steht. Es ist im Gegensatz zu anderen von Bewuchs frei. Abermals 1 km weiter erhebt sich rechts – 100 m von der Straße entfernt, aber nicht zu übersehen – der **Poulnabrone Dolmen**, das bekannteste und meistfotografierte Megalithgrab Irlands. Das Tonnengewicht des großen Decksteins ruht scheinbar schwerelos auf den Seitenstützen, die sich nicht mehr ganz in der ursprünglichen Lage befinden. Der ca. 5000 Jahre alte Dolmen ist jederzeit zugänglich, doch Vorsicht: Auf dem schwer begehbaren Kalksteinboden droht Verletzungsgefahr. Wer sich bei Spaziergängen im Burren die hübschen Blumen ansehen möchte, die in den Felsritzen und -furchen wachsen, sollte zu diesem Zweck stehen bleiben!

Ein weiteres, äußerst sehenswertes Monument ist das **Gleninsheen-Galeriegrab** gut 1 km vom Poulnabrone Dolmen entfernt an der Ostseite der Straße. Es wird zwar im Volksmund ›Druidenaltar‹ genannt, kann aber mit

Burren

den Priestern der Kelten nicht wirklich in Zusammenhang gebracht werden: Es dürfte mehr als 4000 Jahre alt sein. 1930 fand hier ein Junge den wundervoll gearbeiteten *Gleninsheen-Goldkragen*, ein Schmuckstück aus dem 7. Jh. v. Chr., das nun im Nationalmuseum in Dublin [Nr. 1] ausgestellt ist.

Anschließend passiert man in Richtung Ballyvaughan das links hinter einem Viehzaun gelegene *Ballyallaban-Ringfort*, kurz darauf zweigt eine Straße zur **Aillwee Cave** (März–Okt. tgl. 10–17.30 Uhr) ab – der einzigen der zahlreichen Höhlen dieser Gegend, die Besuchern offen steht. Entstanden ist sie dadurch, dass – vor allem beim Abschmelzen der großen Gletscher vor 10 000 bis 12 000 Jahren – Wasser durch den Kalkstein sickerte und in der Tiefe auf wasserundurchlässiges Gestein traf. Auf diesem floss es ab und wusch dabei die Hohlräume aus. Seit dem Ende der Eiszeit ist die Höhle relativ trocken. Lange diente sie Bären zum Winterschlaf, von Menschen war sie nie bewohnt. 1944 wurde sie von einem Schäfer entdeckt und 1976 für Besucher geöffnet. Die halbstündigen Führungen durch das Labyrinth aus Stalagmiten und Stalagtiten sind ein Erlebnis, das insbesondere an Regentagen zu empfehlen ist.

Nach kurzer Fahrt mündet die R 480 in die N 67, der man nach rechts in den Ort **Ballyvaughan** folgt, wo Souvenir-

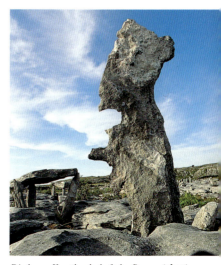

*Die karge Karstlandschaft des Burren (**oben**) bietet einen scharfen Kontrast zu den unmittelbar angrenzenden Weidelandschaften mit saftig grünen Wiesen (**unten**)*

geschäfte und Kunsthandwerksläden, Bed & Breakfast-Pensionen und Restaurants zum Verweilen einladen.

Ein letzter Abstecher vor dem Verlassen des Burren bietet sich bei der Ortschaft *Bellharbour* an, wo ein Hinweisschild zur **Corcomroe Abbey** führt. Die Ruinen der Zisterzienserabtei liegen knapp 2 km südlich der N 67 in einem

Die Westküste – Burren

Fast schwerelos erscheint die mächtige Deckplatte des Poulnabrone Dolmen, der sich wie ein überdimensionaler Tisch in der steinigen Landschaft erhebt

Monumente

Irland besitzt eine verwirrende Fülle von Monumenten aus frühen Epochen. Die ältesten davon sind die **Dolmen** *(breton.: Steintisch). Sie werden meist als Gräber bezeichnet, können aber auch andere Funktionen gehabt haben, etwa die des Tempels oder des symbolischen Eingangs zur jenseitigen Welt. Mehrere Monolithen tragen einen Deckstein; je nachdem, ob zwei aufrecht stehende Steine den Eingangsbereich betonen (z.B. beim Poulnabrone Dolmen) oder die Kammer sich nach hinten verjüngt (wie beim Gleninsheen Dolmen), nennt man sie Portal- oder Keilgräber. Ihr Alter wird auf 2500 bis 4000 Jahre geschätzt.*

Wie die Dolmen, so gehören auch die **Gang-** *und die* **Hofgräber** *dem Komplex der Megalithgräber an (Megalith = großer Stein). Bei den ersteren führt ein überdeckter Gang zur Grabkammer (Newgrange), im Falle der letzteren muss man einen oder mehrere Vorhöfe durchschreiten, um zu ihr zu gelangen (Creevykeel). Meist waren diese Anlagen mit Steinen oder Erde überdeckt. Gebaut wurde dieser Grabtyp bis in die Bronzezeit hinein.*

Aus jener Epoche stammen auch die **Steinkreise**, *runde oder ovale Monolithsetzungen, die wahrscheinlich als Kult- und Versammlungsstätten dienten und möglicherweise auch mit der Himmelsbeobachtung im Zusammenhang standen.*

Nach der Einwanderung der Kelten begann die Epoche der **Stein-** *oder* **Ringforts** *(Staigue Fort in Kerry). Sind sie in exponierter Lage errichtet, nennt man sie* **Promontory Forts** *(Dun Aengus). Ihre Entstehungszeit dürfte in der Eisenzeit zwischen dem 8. und dem 1. Jh. v.Chr. anzusiedeln sein. Mehrere Meter hohe Mauerringe, die manche dieser Forts umgaben, deuten auf eine Funktion als Verteidigungsanlage hin. Der Umstand jedoch, dass die Bewohner der Forts keinerlei Zugang zu Frischwasserquellen hatten und Belagerungen somit nicht lange hätten standhalten können, lässt eher einen friedlichen Zweck, etwa die Ausübung eines Kults vermuten. Gesicherte Erkenntnisse über ihre tatsächliche Funktion und Bedeutung gibt es bisher nicht.*

grünen Tal, das offenbar einst so gute Böden hatte, dass man die Niederlassung *St. Mary's of the fertile rock* – ›Heilige Maria vom fruchtbaren Felsen‹ nannte. Die Kirche wurde Anfang des 13. Jh. erbaut und ist relativ gut erhalten. Sie weist bereits Stilelemente der Frühgotik auf.

An der Galway Bay entlang führt die N 67 weiter nach **Kinvarra**, wo sich am Ortsrand **Dunguaire Castle** (Juni – Okt. tgl. 9.30 – 17.30 Uhr, Buchungen: Tel. 061/360788) erhebt. In der Burg aus dem 16. Jh. werden – wie in Bunratty und Knappogue Castle – mittelalterliche Bankette veranstaltet.

Burren / Galway

Praktische Hinweise

Tel.-Vorwahl: 065
Information: Tourist Office, Burren Centre, Kilfenora, Tel. 7 08 80 30

Hotels
******Gregans Castle**, Ballyvaughan, Tel. 7 07 70 05, Fax 7 07 71 11, Internet: www.gregans.ie. Luxushotel inmitten des Burren. Ruhige, entspannte Atmosphäre, offene Kamine.

******Rusheen Lodge Guesthouse**, Ballyvaughan, Tel. 7 07 70 92, Fax 7 02 09 82, Internet: www.rusheenlodge.com. Gut geführtes Gasthaus etwa 5 km außerhalb.

Restaurant
Vaughan's Pub, Main Street, Kilfenora, Tel. 7 08 80 04. Der Gaumen kann sich hier auf gutes Essen und das Gehör auf hervorragende Musik-Sessions freuen.

27 Galway

Die größte Stadt an der Westküste hat recht viel Flair.

Galway (58 000 Einw.), die Hauptstadt des gleichnamigen Counties, ist in jeder Hinsicht eine Stadt – mit Atmosphäre, Charakter und voller Leben. Sie kann nicht mit großen Sehenswürdigkeiten aufwarten, ihr Charme rührt vielmehr daher, dass sie nicht nur Verwaltungszentrum ist, sondern dass es hier einen Hafen, eine Universität – und einen regen Kulturbetrieb gibt.

Geschichte Von den bescheidenen Anfängen eines Fischerdorfes an der Einmündung des *River Corrib* in die Galway Bay stieg Galway schon früh zu einer blühenden Handelsstadt auf. 1270 umgaben die Anglo-Normannen, die den vorher hier ansässigen Clan der O'Flaherty's vertrieben hatten, die Siedlung erstmals mit einer Mauer. Ende des 14. Jh. legte König Richard II. die Geschicke der Stadt in die Hände von 14 adeligen Familien, wodurch sie zu dem heute noch geläufigen Beinamen *City of the Tribes* kam. Der Handel mit anderen europäischen Ländern, vor allem mit Spanien, brachte nicht nur Geld in die ›Stadt der Stämme‹, sondern auch andere kulturelle Einflüsse. Die Blütezeit endete mit dem Erscheinen von Cromwells Truppen, die Galway im April 1652 einnahmen und ihr übliches Zerstörungswerk verrichteten. Der Seehandel wurde fortan über Dublin und Waterford abgewickelt, Galway erlebte einen steilen Niedergang, von dem es sich erst im 20. Jh. erholte.

Besichtigung Das Zentrum ist von überschaubarer Größe. Einen Rundgang beginnt man sinnvollerweise am *Eyre Square*. Er umgibt den **John F. Kennedy Memorial Park**, in welchem eine Tafel an den Besuch des US-Präsidenten im Jahr 1963 erinnert. Auf der Rasenfläche des Parks tummelt sich an sonnigen Tagen ein junges, internationales Publikum – vorwiegend Studenten der Universität, an der übrigens in Englisch und Irisch unterrichtet wird.

An der Westseite des Platzes vermittelt **Browne's Doorway**, die wieder aufgestellte Fassade eines Bürgerhauses aus dem Jahr 1627, einen Eindruck vom Lebensstil in der Handelsstadt Galway zu deren großer Zeit. Daneben sitzt, in Bronze gegossen, *Pádraig O'Conaire*, ein Schriftsteller, der sich um 1900 einen Namen als Erneuerer der irischsprachigen Literatur gemacht hat. Wenige Meter entfernt wurde anlässlich der 500-Jahr-Feier der Stadt 1984 eine Metallplastik aufgestellt, deren Formen an die Segel eines *Galway-Hookers*, des traditionellen Fischerbootes, erinnern sollen.

Zu Lebzeiten ein ›Enfant terrible‹, heute als Vater der modernen gälischen Literatur gefeiert – Pádraig O'Conaire hat in Galway einen Ehrenplatz erhalten

93

Die Westküste – Galway

Manches, was die Geschäfte Galways in ihren Auslagen zur Schau stellen, bezieht seine Liebenswürdigkeit aus einer gewissen Skurrilität

Über die am Eyre Square beginnende Williamsgate Street gelangt man zu **Lynch's Castle**, einem Stadtpalais aus dem 16. Jh., in dessen Erdgeschoss nunmehr eine Bankfiliale ihren Sitz hat. Das Haus, dessen Fassade mit Fabeltieren, Wappen und Wasserspeiern verziert ist, gehörte einst den Lynchs. Ein Mitglied dieser renommierten Familie, *James Lynch FitzStephen*, der im 15. Jh. Bürgermeister von Galway war, steht im Mittelpunkt einer tragischen Geschichte: Sein Sohn Walter hatte im Streit einen jungen Spanier getötet. Der Vater, der als Bürgermeister auch richterliche Funktionen ausübte, verurteilte ihn zum Tode. Da sich jedoch Walter bei der Bevölkerung großer Beliebtheit erfreute, fand sich niemand, der das Urteil vollstrecken wollte – woraufhin James Lynch die Exekution eigenhändig vornahm.

Den legendären Ort des Geschehens markiert das **Lynch Memorial Window** in der Market Street hinter der **St. Nicholas Church**. Diese Kirche an der Shop Street nicht weit von Lynch's Castle, ist Galways bedeutendstes Bauwerk. Seit ihrer Errichtung im Jahre 1320 hat sie viele Veränderungen erfahren, aber ihr Aussehen dürfte weitgehend noch dem des Mittelalters entsprechen. Gelitten hat sie vor allem nach der Cromwellschen Eroberung, als man sie als Pferdestall benutzte. Der bekannteste Name, der sich mit dem Gotteshaus verbindet, ist der von Christoph Kolumbus. Der Entdecker Amerikas soll auf einer seiner Reisen in Galway angelegt und in der *Collegiate Church of St. Nicholas of Myra*, wie sie mit vollem Namen heißt, sein Gebet verrichtet haben.

Neben der Kirche, zur Guard Street hin, wird täglich ein bunter Markt abgehalten, auf ihrer anderen Seite beginnt Bowling Green, eine kleine Straße, in der auf Hausnr. 8 das **Nora Barnacle House** (Mitte Mai–Mitte Sept. Mo–Sa 10–17 Uhr oder nach Vereinbarung, Tel. 091/564743) zu finden ist. Der Frau, die viele Jahre lang Lebensgefährtin und schließlich Ehefrau von James Joyce war, ist hier in ihrem Elternhaus ein ausgesprochen liebenswürdiges kleines Museum eingerichtet.

Wenig weiter südlich sieht man auf der anderen Flussseite **Claddagh**, das ehemalige Fischerdorf, dessen Bewohner einst einen eigenen Dialekt sprachen und eigene Trachten hatten. Das Dorf ist heute ein modernes Stadtviertel, die Traditionen sind in Vergessenheit geraten – mit einer Ausnahme: Der *Claddagh-Ring* wird immer noch getragen, die Juweliere Galways benutzen ihn als Aushängeschild. Er hat die Form von zwei Händen, die ein gekröntes Herz halten. Früher trug ihn, wer bereits vergeben war, so,

Galway

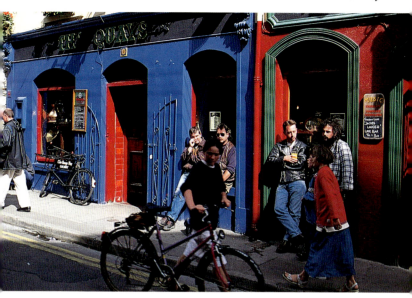

Im Hafenviertel Galways hat sich in den vergangenen Jahren eine Kultur- und Kneipenszene entfaltet, die sich vor allem durch Weltoffenheit auszeichnet

dass das Herz Richtung Hand zeigte, wer einen Partner suchte, ließ das Herz Richtung Fingerkuppe weisen.

Wendet man den Blick nun nach links, so sieht man auf den **Spanish Arch**, ein nicht übermäßig imposanter Bogen, der aller Wahrscheinlichkeit nach einmal ein Teil der Stadtmauer war. In dem Gebäude, an das er sich anlehnt, ist das **Stadtmuseum** (Mo–Sa 10–13 und 14.15–17.15 Uhr) untergebracht. Es lohnt sich, in der Umgebung des Hafens durch die kleineren Straßen zu schlendern und in Hinterhöfe zu schauen, denn allenthalben wurden hier alte Gebäude stilvoll renoviert, entstanden Galerien, Cafés und Läden mit geschmackvoller Einrichtung.

Zur Fortsetzung des Stadtrundgangs bietet sich der Weg entlang des Flusses an. An seinem Ostufer führt er bis zur *Salmon Weir Bridge*, oberhalb der ein Wehr den Wasserstand des Corrib reguliert. Mit etwas Glück kann man hier Lachse beobachten, die über eine Fischleiter flussaufwärts zu ihren Laichplätzen schwimmen. Auf der anderen Seite der Brücke steht die **St. Nicholas Cathedral**. Sie wurde 1965 eingeweiht, ist wuchtig und imposant, lässt aber innen wie außen ein arges Durcheinander von Baustilen erkennen.

Wer in Galway Quartier nimmt, kann sich dienstags und freitags abends ein besonderes Vergnügen bereiten und ein Windhundrennen besuchen. Der **Greyhound Race Track** in der College Street ist nicht weit vom Zentrum entfernt.

Erwähnt sei außerdem **Salthill**, ein Vorort Galways, südwestlich der Stadt.

Reminiszenzen an die verschiedenen Stilepochen der Kirchenbaukunst präsentiert die erst Mitte des 20. Jh. entstandene St. Nicholas Cathedral in Galway

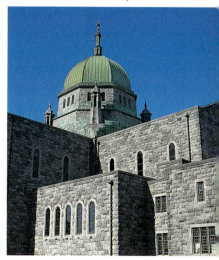

Die Westküste – Galway/Aran Islands

Noch vor 20 Jahren waren seine Hotels und Golfplätze bevorzugter Aufenthaltsort der irischen Oberschicht, inzwischen hat er seine Exklusivität verloren. Attraktiv ist Salthill aber noch immer, besonders für Gäste, die Galway als Basis für Ausflüge auf die Aran Islands oder ins Landesinnere wählen und zwischendurch die Gelegenheit nutzen möchten, im Meer zu baden.

Praktische Hinweise

Tel.-Vorwahl Galway: 091
Information: Tourist Office, Aras Fáilte, Forster Street, Tel. 537700, Internet: www.westireland.travel.ie

Hotels
******Great Southern**, Eyre Square, Tel. 564041, Fax 566704, Internet: www.greatsouthernhotels.com. Gediegenes Hotel in einem Bau aus dem 19. Jh. direkt im Stadtzentrum mit Swimmingpool und Sauna.

Seashore Lodge, Mrs. Noreen Costello, 4 Cashelmara, Knockncarra Cross, Salthill, Tel. 590051, 529189. Außerhalb gelegenes Bed & Breakfast.

Restaurants
GBC Restaurant, 7 Williamsgate Street, Tel. 563087. Die Abkürzung bedeutet *Galway Bakery Company,* aber die Menüauswahl geht weit über Backwaren hinaus.

TOP TIPP McDonagh's Seafood Bar, 22 Quai Street, Tel. 565001. Alteingesessenes Lokal mit reichem Fischangebot frisch aus dem Meer, nicht nobel, aber durchaus eine Institution.

 Aran Islands

Inselgruppe in der Galway Bay – abgelegen und von ganz besonderem, sprödem Reiz.

Auf den Aran Islands gibt es eine ganze Reihe von Ruinen alter Kirchen und Steinforts. Die meisten Besucher aber fasziniert vor allem die Abgeschiedenheit der Inseln vom Rest der Welt. 1600 Menschen leben auf den drei Hauptinseln *Inishmore, Inishmaan* und *Inisheer.* Vier kleinere Eilande sind unbewohnt. Die Kalksteinplatte, auf der man sich bewegt, stellt geologisch eine Fortsetzung des Burren dar. Ebenso karg und felsig ist auch die Landschaft. Die Vegetation ist dürftig, aber keineswegs eintönig. Immerhin findet man vier Wachstumszonen, denn auf dem Stein, in den Sanddünen, auf den von der Flut immer wieder unter Wasser gesetzten Flächen und auf dem von den Bewohnern bearbeiteten Boden gedeihen naturgemäß ganz unterschiedliche Pflanzen.

Am eindrucksvollsten wurde das Leben auf den Inseln von *John Millington Synge* beschrieben, der von 1898 bis 1902 allsommerlich die Aran Islands besuchte.

Inishmore ist mit einer Länge von 14 km und einer Breite von 3 km die größte der Aran Islands. Die meisten Besucher kommen mit der Fähre in **Kilronan**, dem Hauptort der Inselgruppe, an. Hier besteht die Möglichkeit, sich eine Kutsche oder ein Fahrrad zu mieten, bzw. eine Inselrundfahrt mit einem Minibus zu buchen.

Einer der ersten Anziehungspunkte sind die etwa 2 km südlich bei **Killeany** gelegenen Überreste des vom *hl. Enda* gegründeten Klosters **St. Eany's** (*Cill Éinne* = Kirche des Enda), das über viele Jahrhunderte hinweg als eines der bedeutendsten in ganz Irland galt; u. a. sollen hier der hl. Brendan und der hl. Ciaron von Clonmacnoise studiert haben. Mehrmals wurde es von den Wikingern geplündert, doch zog sich sein Niedergang über Jahrhunderte hin. Das Ende kam mit der Auflösung durch Königin Elisabeth I. Übrig geblieben sind die Ruinen von St. Eany's *Rundturm,* der bei einem Unwetter im 19. Jh. einstürzte, die Reste einiger Kirchengebäude, darunter *Teampull Bheanáin* und *Teaghlach Éinne,* sowie die Fundamente von Bienenkorbzellen, die den Mönchen als Wohnstätten dienten. Unweit der ehemaligen Klosteranlage ist die Ruine von **Arkyn's Castle** zu sehen. Die im 16. Jh. errichtete lang gestreckte Burg fand nach der Eroberung durch die Cromwellschen Truppen als Gefängnis Verwendung.

Direkt an der Küste etwa 1,5 km nordwestlich von Kilronan liegen die Reste von **Teampull Chiarain**, Ciaráns Kirche, die zum größten Teil aus dem Mittelalter stammt, und **Teampull Asurnai**, die der hl. Soarney zugeschrieben wird. **Teampull an Ceathrar Alainn**, ›Kirche der vier anmutigen Heiligen‹ heißt ein Gebäude in der Nähe der Ortschaft *Cowrugh* – ohne dass jemand eine Erklärung für diesen Namen hätte. Ein Brunnen in einem Feld südlich davon ist der Gegenstand von J. M. Synges Stück ›The Well of the Saints‹. Die Überreste einer zwei-

Aran Islands

*Kilometerlange Steinmauern schützen die wenigen Acker- und Weideflächen vor Erosion – und prägen das Landschaftsbild (**oben**). Klima- und Bodenverhältnisse haben auf den Aran Islands Bedingungen geschaffen, die für Besucher faszinierend sind. Das Leben auf den Inseln dagegen ist hart (**unten**)*

ten klösterlichen Ansiedlung in der Nähe von *Onaght*, im Westen der Insel, werden ›Seven Churches‹ genannt, obwohl es unwahrscheinlich ist, dass es dort jemals sieben Kirchen gab. Zu sehen sind die Ruinen der beiden Kirchen **Teampull A'Phoill** und **Teampull Breachain**. Die letztere – ein frühchristlicher, aber im Mittelalter erweiterter Bau – ist dem hl. Brecan geweiht, der westlich der Kirche beerdigt sein soll. Der Schaft eines Hochkreuzes kennzeichnet sein Grab.

Die eindrucksvollsten Zeugnisse aus der Geschichte der Aran Islands sind jedoch nicht ihre Kirchen, sondern die Steinforts, z. B. **Dun Eonaghta**, landeinwärts bei *Sruthán* gelegen, vor allem aber das berühmte **Dun Aengus** an der Steilküste im Süden Inishmores, nahe *Kilmurvey*. Es steht nicht eindeutig fest, ob ein Teil mit den Klippen, auf denen das halbrunde Fort stand, ins Meer gestürzt ist, oder ob die 60 m hohe Klippe von Anbeginn als Teil der Verteidigungsanlage in die Planung einbezogen worden war. Insgesamt vier Mauerringe umgeben einen Bezirk, in dessen Mitte eine rechteckige, 12 mal 9 m große Plattform steht. Sie ist gelegentlich als Altar interpretiert worden, was bedeuten würde, dass das Fort auch eine religiöse Funktion hatte.

Inishmaan, die mittlere Insel (irisch: *Inis Meáin*), ist durch den *Gregory's Sound* von Inishmore getrennt und von dort so-

Die Westküste – Aran Islands / Clonmacnoise

wie von Doolin und Galway aus mit dem Boot erreichbar. Außerdem besteht eine Flugverbindung von Galway. Die 900 ha große Insel, auf der rund 250 Menschen leben, ist die am wenigsten besuchte der bewohnten Aran Islands. Mehr als die anderen eignet sie sich zum Wandern – entlang der Steinmauern, die die Felder umgeben und die Atmosphäre der Kargheit reizvoll verstärken – und zum Genießen der Ruhe, die schon John M. Synge immer wieder hierher zurückkommen ließ. Hauptort und Hafen ist *An Córa*. Südlich des Piers liegt **Kilcananagh**, ein kleines, einfaches, aber hervorragend proportioniertes Gebetshaus aus dem 11. oder 12. Jh. Zum Inselmittelpunkt hin, westlich des Örtchens *Ballinlisheen* sind noch die Fundamente von **Teampull na Seacht mic Righ**, der ›Kirche der sieben Königssöhne‹ erkennbar. Eindrucksvoller aber ist das nahe gelegene Steinfort **Dun Conor**. Das Oval seiner massiven Mauern umgibt Reste zweier Bienenkorbhütten. Ein weiteres, kleineres, D-förmiges Fort, **Dun Farvagh**, erhebt sich auf einem Hügel im östlich Teil der Insel.

Inisheer, mit 10 km² die kleinste der bewohnten Inseln, ist nur 8 km von der Küste der Grafschaft Clare entfernt. Seine Bewohner leben vorwiegend auf der Nordseite, wo sich auch die Flugpiste und der Hafen befinden. Diese werden von einer **Burg** der O'Briens aus dem 15. Jh. überragt, die inmitten der Überreste eines Ringforts steht. **Teampull Chaoimhain**, zwischen Burg und Landebahn gelegen, ist eine kleine, dem hl. Kevin geweihte Kirche mit einem gotischen Chor, die alljährlich am 13. Juli Ziel einer Wallfahrt ist. Zu anderen Zeiten sammelt sich in ihr meist der Treibsand.

Ein Spaziergang zu dem – nicht zugänglichen – Leuchtturm im Süden der Insel ist ein wirkliches Erlebnis. An der Ostspitze Inisheers ist das Wrack der *Plassy* zu sehen, eines Frachters, der 1960 hier auf die Felsen geworfen wurde.

Praktische Hinweise

Tel.-Vorwahl Aran Islands: 099
Information: Tourist Office, Kilronan, am Pier, Inishmore, Tel. 091/6 14 20

Flugzeug
Aer Arann, Tel. 091/59 30 34, Internet: www.aerarannexpress.ie. Die Fluggesellschaft fliegt von Minna bei Inverin, 19 km westlich von Galway, auf alle drei Inseln.

Schiff
Island Ferries, Tel. 091/56 17 67, Internet: www.aranislandferrries.com. Fähren verkehren Juni – Sept. mehrmals täglich von Galway (90 Min. Überfahrt) und Rossaveal (30 km westlich von Galway, 30 Min. Überfahrt) nach Kilronan. Fährverbindungen nach Inishmore bestehen auch von Doolin aus.

Inseltouren
Hernon's Aran Tours, Kilronan, Inishmore, Tel. 6 11 31, 6 11 09, Fax 6 13 30. Zweieinhalbstündige Minibus-Touren.

Hotel
***Ard Einne Guesthouse**, Inishmore, Tel. 6 11 26, Fax 6 13 88. Preiswertes Gästehaus mit privater Atmosphäre und großartigem Ausblick.

Restaurant
Aran Fisherman, Kilronan, Inishmore, Tel. 6 13 63. Restaurant in Hafennähe mit großer Auswahl an Fisch-, Fleisch-, Nudel- und vegetarischen Gerichten.

 29 **Clonmacnoise**

Eine der bedeutendsten frühmittelalterlichen Klosteranlagen Irlands.

Die Besonderheit von Clonmacnoise ist seine herrliche und exponierte Lage am Ufer des Shannon. Sie lässt es bei einiger Fantasie zu, sich ein Bild vom einstigen Klosterleben zu machen oder sich das Herannahen der Wikingerschiffe vorzustellen…

Geschichte Clonmacnoise verdankt seine Existenz dem hl. Ciaron. Er war von Beruf Zimmermann und starb 545 im Jahr der Klostergründung. Bald zog sein Grab Pilger an, die ebenso wie die für den Handel günstige Lage am Shannon und die Patronage mehrerer Könige sehr zum Wohlstand der Mönchsgemeinde beitrugen. Im Hochmittelalter war Clonmacnoise eines der bedeutendsten Bildungs-, Kunst- und Handwerkszentren Irlands. Sein Ende kam 1522, als es englische Soldaten zerstörten.

Besichtigung Man betritt die Klosteranlage durch das *Visitor Centre* (Mai–Aug. tgl. 9–19, Sept.–April tgl. 10–

Clonmacnoise

Früher Ziel wikingischer Raubzüge, heute beliebte Anlegestelle für Freizeitkapitäne auf dem Shannon: Der Klosterbezirk Clonmacnoise mit O'Rourke's Tower

17.30 Uhr). Hier sind – neben der obligaten Tonbildvorführung und zahlreichen Schautafeln – vor allem die Originale der Hochkreuze von Clonmacnoise zu sehen, ferner Grabsteine, die zwischen dem 8. und dem 12. Jh. im Kloster aus Stein gefertigt wurden.

Unter den Hochkreuzen ragt das **Cross of the Scriptures** mit seinen leicht nach oben weisenden Armen hervor. Es ähnelt dem Muiredach's Cross von Monasterboice [Nr. 6]. Die Ornamente und figürlichen Darstellungen führen, wenngleich verwittert, den hohen Stand der Reliefkunst im 10. Jh. vor Augen. *Flann's Cross*, wie es auch heißt, hat seinen Namen von einer Inschrift, mit der es der Abt Colman dem König Flann Sinna widmete. Bei den beiden Figuren über der Inschrift handelt es sich wahrscheinlich um den hl. Ciarán und König Diarmuid, der dem Heiligen bei der Errichtung seiner Kirche hilft.

Das etwa 3 m hohe **Südkreuz** aus dem 9. Jh. ist vorwiegend mit Flechtmustern und geometrischen Motiven bedeckt, zeigt aber auch einige figurale Darstellungen. Vom **Nordkreuz** ist lediglich der Schaft mit den verschlungenen, stark verwitterten Ornamenten erhalten.

Statt der Originale stehen nun Kopien der genannten Kreuze im Klosterareal. Wenn man auf dieses hinaustritt, gewahrt man zur Linken **O'Rourke's Tower**, einen 19 m hohen Rundturm aus dem 10. Jh. Geradeaus im Blickfeld erhebt sich die **Kathedrale**, das größte Kirchengebäude von Clonmacnoise. Es wurde 904 von König Flann und dem Abt Colman errichtet, die jetzige Gestalt geht aber im Wesentlichen auf das 14. und 15. Jh. zurück. Ursprünglich hatte das Kloster keine große Kirche, sondern – neben den Hütten, in denen die Mönche lebten – etwa ein Dutzend Holzkirchen. Auch jetzt noch bestimmen kleine Gotteshäuser das Bild. Rechts neben bzw. südlich der Kathedrale liegt **Teampull Doolin**, benannt nach *Edmund Dowling*, der das Gebäude im 17. Jh. restaurieren ließ. An ihre Mauern grenzt die möglicherweise ebenfalls von Dowling gestiftete Kirche **Teampull Hurpan**. **Teampull Rí**, das größere Gebäude östlich davon, stammt aus dem 12. Jh. In **Teampull Ciarán**, dem kleinen Kirchlein daneben, dessen Entstehungszeit nicht mehr zu ermitteln ist, soll der Klostergründer begraben liegen. Im Inneren ist ein Eck abgetrennt: Die Erde hier gilt als heilig – ist aber leider meist von leeren Zigarettenschachteln und ähnlichem Unrat bedeckt. An dieser Stelle wurden einst die großartigen Krummstäbe gefunden, die nun im Nationalmuseum in Dublin ausgestellt sind [s. S. 27]. **Teampull Kelly**, an der

Die Westküste – Clonmacnoise / Connemara

Nordostecke der Kathedrale, ist nur mehr in Fragmenten erhalten. Etwas weiter von der Kathedrale entfernt steht rechts des Rundturms **Teampull Connor**, seit 1780 von der protestantischen *Church of Ireland* benutzt. **Teampull Finghin** mit dem **McCarthy Tower** ist in die nördliche Klosterumfriedung einbezogen. Die rechts vor ihr stehende, sehr moderne **Kapelle**, in der Papst Johannes Paul II. vor Jahren einmal eine Messe gelesen hat, trägt nicht unbedingt zur Verschönerung der würdigen Stätte bei.

Durchquert man den Friedhof östlich des Klosterbezirkes, so kommt man nach einigen hundert Metern zur **Nun's Church**, die vor allem wegen ihres iro-romanischen Portals sehenswert ist. Ebenfalls außerhalb, nicht weit vom Parkplatz entfernt, bröckelt auf einem Hügel die malerische Ruine eines normannischen **Kastells** vor sich hin.

Praktische Hinweise

Tel.-Vorwahl Clonmacnoise: 09 05

Hotel
Kajon House, Mrs. Catherine Harte, Shannonbridge, Tel./Fax 7 41 91, E-Mail: kajon@gofree.indigo.ie.
Bed & Breakfast zwischen Shannonbridge und Clonmacnoise mit sehr guter Küche und zuvorkommender Gastfreundschaft.

 30 Connemara

Einer der malerischsten und ursprünglichsten Teile der Grünen Insel.

Schon ein oberflächlicher Blick auf die Landkarte lässt erkennen, dass das Gebiet Connemara von zahllosen Seen und Wasserläufen geprägt und von Hügelketten durchzogen ist, und dass es weder in seinem Inneren noch entlang der zerklüfteten Küste, der Hunderte von Inseln vorgelagert sind, größere Ansiedlungen gibt.

Den eigentlichen Zauber dieser außerordentlich abwechslungsreichen Landschaft aber bringt das dichte Nebeneinander von Torfmooren und nacktem Gestein, von schwarzen Flüssen und dunklen Wäldern hervor, das stets begleitet ist von den Blautönen der *Twelve Bens* und der *Maumturk Mountains* oder vom Grau des Meeres. Die Farben erinnern an diejenigen des Mittelmeeres – aber sie ändern sich hier viel schneller, denn unablässig treiben Wolken über die Szenerie hinweg.

Eine Gegend also von wild-romantischem Reiz, eine Gegend aber auch, die es den Bewohnern nie leicht gemacht hat, ihr Leben zu fristen. Landwirtschaft zu treiben ist fast unmöglich: Zu klein sind die nutzbaren Flächen, zu sauer die Böden, zu feucht das Wetter. Kein Wunder also, dass sich gerade hier ein Irland erhalten hat, das anderswo dem Walten der einstigen Kolonialherren zum Opfer fiel. Connemara gilt auch nach wie vor als *Gaeltacht area*, als irisch-sprachiges Gebiet. Tatsächlich gibt es noch ältere Menschen, deren Muttersprache das Gälische ist – aber sie werden selten. Geblieben jedoch ist ein Lebensstil, der sich vor allem durch die Abwesenheit von Hektik auszeichnet.

Sobald man Galway auf der Küstenstraße in Richtung Westen verlassen hat, ist man in Connemara. **Barna**, **Furbo** und **Spiddle**, in den 60er-Jahren des 20. Jh. noch verträumte Dörfer, sind längst zu belebten Ferienorten geworden. Hier, wo es Badestrände gibt, wurden Ende des 20. Jh. zahlreiche Hotels gebaut und Freizeiteinrichtungen geschaffen. Nichtsdestotrotz kann man mit etwas Glück immer noch erleben, dass sich abends im Pub ein paar Leute spontan entschließen, traditionelle irische Musik zu spielen. Kaum ein Gast wird sich in einem solchen Fall imstande sehen, das Wirtshaus zu verlassen, ehe es schließt.

Connemara

Oben: *Für Iren keine Landschaft, sondern ein Gemütszustand – Besucher spüren vor allem den Zauber Connemaras*

Unten: *Irland besitzt mehr als die Hälfte der verbliebenen Torfmoore Europas*

Je weiter man auf der Küstenstraße fährt, um so kleiner werden die Dörfer. Abstecher, etwa bei **Gortmore** auf die Halbinsel **Ros Muc**, bieten immer neue landschaftliche Reize. Erst mit **Carna**, einem Zentrum der Hummerfischerei, erreicht man wieder einen Ferienort. Hat man **Cashel** passiert und die *Bertraghboy Bay* umrundet, kommt man nach **Roundstone**, ein Dorf, das im 19. Jh. als Kolonie für schottische Fischer angelegt wurde. Es wird überragt vom 301 m hohen *Errisbeg*, von dem aus man einen großartigen Rundblick auf den Atlantik und die Seenplatte im Norden hat. Nur wenige Kilometer entfernt liegen die **Gorteen Bay** und die **Dog's Bay**, herrliche Badestrände, von denen sich auch Besucher, denen das Wasser zum Baden zu kalt ist, sicher angezogen und zu einer wohltuenden Strandwanderung herausgefordert fühlen werden.

Kurz hinter Ballyconneely bietet sich eine weitere Gelegenheit zu einem Abstecher: Eine Seitenstraße zweigt in Richtung **Errislannan** ab, einem winzigen Dorf an der Spitze einer Halbinsel. Fährt man die zur Hauptstraße zurückführende Schleife um die Landzunge aus, kommt man an einem bemerkenswerten Monument vorbei: Ein steinernes Flugzeugheck reckt sich von einem Hügel aus in den Himmel. Es wurde zu Ehren der Piloten *John Alcock* und *Arthur Whitten-Brown* aufgestellt, die im Juni 1919 hier in der Nähe notgelandet waren, nachdem sie als erste von Neufundland aus den Atlantik überquert hatten.

Hauptort Connemaras ist **Clifden**, das sich ganz auf den Tourismus eingestellt hat. Hier gibt es zahlreiche Restaurants mit einem hervorragenden Angebot an Fischgerichten – kein Wunder, denn die Stadt ist u. a. ein Zentrum des Angelsports. Wer an dieser Art Freizeitgestaltung weniger Freude findet, kann unter einer Reihe anderer Möglichkeiten wählen, etwa an einer der geführten Wande-

101

Die Westküste – Connemara / Kylemore Abbey

rungen zu den archäologischen Fundstätten der Umgebung teilnehmen. Von dem nordwestlich von Clifden gelegenen **Cleggan** verkehren Boote nach **Inishbofin**, eine 5 km vor der Küste gelegene Insel mit den Ruinen frühgeschichtlicher Forts und mittelalterlicher Kirchen.

Praktische Hinweise

Tel.-Vorwahl: 095
Information: Tourist Office, Clifden, Galway Road, Tel. 21163

Hotels
******Cashel House**, Cashel Bay, Tel. 31001, Fax 31077, Internet: www.cashel-house-hotel.com. Hotel in wunderbarer, ruhiger Lage direkt am Meer. Sein Restaurant wird von vielen Gourmet-Führern empfohlen.

******Zetland Country House**, Cashel Bay, Connemara, Tel. 31111, Fax 31117, Internet: www.zetland.com. Elegantes, von weitläufigen Gärten umgebenes Haus, direkt an der Cashel Bay.

*****Rock Glen Country House**, Ardbear, Clifden, Tel. 21035, Fax 21737, Internet: www.manorhousehotels.com. Ein gelungen modernisiertes Jagdhaus

Connemara zu Fuß

Wer Spaziergänge und Wanderungen unternehmen möchte, findet auf dem rund 2000 ha großen Areal des **Connemara National Park** *an der Nordseite der Twelve Bens gut ausgebaute Wege, die außerdem zum Kennenlernen von Flora und Fauna einladen. Die Parkverwaltung hat in der Vergangenheit Anstrengungen unternommen, irisches* **Rotwild**, *das bereits ausgerottet war, wieder anzusiedeln; inzwischen lebt eine Rotwild-Herde innerhalb der Parkgrenzen. Auch Connemara-Ponies werden gehalten.*

Das **Visitor Centre** *(Mai und Sept. 10–17.30, Juni 10–18.30, Juli und Aug. 9.30–18.30 Uhr) in Letterfrack informiert über Geschichte und Natur der Region, eine Ton-Dia-Show mit dem Titel ›Mensch und Landschaft in Connemara‹ bietet die Gelegenheit, mehr über diesen wunderbaren Teil Irlands zu erfahren.*

des 19. Jh. mit Tennisplatz, Angelsportangebot und Restaurant mit Fisch- und Wildspezialitäten.

Lighthouse View, Mrs. C. Botham, Sky Road, Clifden, Tel. 22113, E-Mail: cbotham@lighthouseview.buyandsell.ie. Bed & Breakfast mit großartiger Aussicht.

Restaurant
Mitchells, Market Street, Clifden, Tel. 21867. Beliebt dank beachtlicher Fleisch- und Fischgerichte.

31 Kylemore Abbey

Benediktinerinnenkloster in zauberhafter Lage.

Eingebettet in üppiges Grün, im Hintergrund den dicht bewachsenen Hügel, im Vordergrund den klaren See, entspricht Kylemore Abbey exakt den Vorstellungen von einem englischen Märchenschloss. Vor allem vom Ostende des Sees aus bietet es, insbesondere zur Zeit der Rhododendronblüte in den ersten Juniwochen, einen herrlichen Anblick.

Geschichte Kylemore (irisch: *Coill Mor* = großer Wald) wurde keineswegs als Kloster, sondern als privates Schloss erbaut. 1862 erwarb der englische Kaufmann Henry Mitchell das Land am Lake Pollacappul, siedelte die Pächter der kleinen Höfe um und ließ das Schloss im Stil des Tudor-Historismus errichten. Sämtliches Baumaterial, ja sogar der Humus für die weitläufigen Gärten, musste mit Eselskarren aus 80 km Entfernung herbeigeschafft werden. Exotische Bäume – Douglas-Fichten, Sequoien, Taxidien, Kamelien – wurden angepflanzt, in Gewächshäusern gediehen Bananen, Trauben und Pfirsiche.

1920 ging das Schloss nach mehrfachem Besitzerwechsel an die Irischen Damen von Ypern über. Dieser benediktinische Orden war 1688 von Jakob II. gegründet und nach dessen Niederlage gegen Wilhelm von Oranien aus Irland vertrieben worden. Im flandrischen Ypern hatte er eine neue Heimat gefunden, die er aber im Ersten Weltkrieg nach deutschen Bombenangriffen wieder verlassen musste. Die Damen kehrten nach Irland zurück und richteten im Schloss von Kylemore ihr Kloster und ein Mädchenpensionat ein.

Kylemore Abbey / Westport

Kylemore Abbey – im 19. Jh. weltentrücktes Märchenschloss eines exzentrischen Kaufmannes, heute Heim eines Benediktinerinnenordens

Besichtigung Die Innenbesichtigung des **Hauptgebäudes** (tgl. 9.30–18 Uhr) beschränkt sich auf einen Teil des Erdgeschosses – immerhin genug, um einen Eindruck vom einstigen Interieur entstehen zu lassen. Schrifttafeln erläutern die Geschichte des Schlosses sowie des Benediktinerinnenordens.

[TOP TIPP] Östlich des Hauptgebäudes liegt die **Klosterkirche**. Henry Mitchell hatte sie nach dem Tod seiner Frau zu deren Andenken errichten lassen. Diese gotische Miniaturkathedrale ist ein wahres architektonisches Juwel. Sie ist den englischen Kirchen des Mittelalters nachempfunden und wirkt von außen durch ihre Kompaktheit, von innen durch ihre reiche Marmor-Ausstattung. Im April 1995 wurde sie nach einer umfassenden Renovierung neu eröffnet.

Im **Visitor Centre** ist ein kurzer Videofilm über Kylemore zu sehen. Die Nonnen betreiben hier außerdem ein Selbstbedienungs-Restaurant und einen Souvenirladen mit umfangreichem Angebot an Töpferware.

Praktische Hinweise

Information: Tourist Office, Kylemore Abbey, Tel. 0 95/4 13 85 und 4 11 46, Fax 4 11 23

[32] Westport

Freundliche Kleinstadt an der Clew Bay.

Der englische Dichter William Thackeray, der den Westen Irlands Mitte des 19. Jh. bereiste, nannte die Landschaft um die *Clew Bay* die »schönste auf der ganzen Erde«. Dass Thackeray nicht die ganze Erde kannte, schmälert die Schönheit der Gegend nicht. Westport, der größte Ort an der Bucht, ist ein ansprechendes, quirliges Städtchen und in jedem Fall einen Bummel wert.

Westport unterscheidet sich von den meisten irischen Kleinstädten dadurch, dass sich sein Aussehen nicht durch ein allmähliches Anwachsen entwickelte, sondern von Grund auf geplant wurde. Eine frühere Siedlung lag westlich des nunmehrigen Zentrums in der Umgebung des Westport-Hauses. 1780 entwarf man einen neuen Stadtplan und setzte ihn um. Als Hauptstraße wurde **The Mall** angelegt, ein Verkehrsweg zu beiden Seiten des kanalisierten River Carrowbeg. Einziger Planungsfehler: Bis auf den heutigen Tag steht The Mall nach starken Regenfällen regelmäßig unter Wasser.

[TOP TIPP] Bedeutendste Sehenswürdigkeit ist das **Westport House** nahe dem Hafen im Westen der Stadt. Ein Teil des umgebenden Parks wird als Streichelzoo genutzt und gerne von Kindern besucht. Das Haus in seiner jetzigen Form stammt aus den 30er-Jahren des 18. Jh., der Park wurde später angelegt und bringt das Gebäude erst wirklich zu voll-

103

Die Westküste – Westport / Achill Island

er Geltung. Vor allem die Spiegelung in dem künstlichen See, auf dem meist bunte Boote liegen, erzielt eine wundervolle Wirkung. Im Westport House, das mit klassizistischen Stuckaturen, Seidentapeten und anderen Kostbarkeiten ausgestattet ist, wird u. a. eine Silbersammlung aufbewahrt.

Folgt man der R 395 von Westport aus in Richtung Louisburg, erreicht man nach knapp 10 km Fahrt entlang der Clew Bay **Murrisk**. Nah am Meer liegt dort *Murrisk Abbey*, eine Augustinerabtei aus der Mitte des 15. Jh. Zur Landseite hin aber ragt – von weither zu sehen – der 765 m hohe **Croagh Patrick** in den Himmel, der heilige Berg Irlands. Jedes Jahr am letzten Sonntag im Juli ist er das Ziel tausender frommer Pilger. Schon vor Morgengrauen beginnen sie nahe dem großen Parkplatz in Murrisk den Aufstieg. Der Grund für die Heiligkeit des Berges ist, dass er der hl. Patrick einst 40 Tage lang fastend und meditierend auf dessen Gipfel gesessen, anschließend seine Handglocke geläutet und sie ins Meer geschleudert haben soll. Die Schlangen und alles giftige Gewürm, das es damals noch in Irland gab, folgten ihr für immer auf den Grund des Meeres. Dass Zoologen für die Abwesenheit von Reptilien eine andere Erklärung haben, tut der Segen spendenden Wirkung einer Wallfahrt zum Croagh Patrick keinen Abbruch.

Praktische Hinweise

Tel.-Vorwahl Westport: 098
Information: Tourist Office, James Street, Westport, Tel. 2 57 11, Fax 2 67 09

Hotels
*****Westport**, Newport Road, Westport, Tel. 2 51 22, Fax 2 67 39, Internet: www.hotelwestport.ie. Modernes Hotel mit Blick über die Clew Bay.

Ard Caoin, Mrs. M. O'Malley, The Quay, Westport, Tel. 2 54 92, E-Mail: malley@cbn.ie. Nette Bed & Breakfast-Pension.

Restaurant
Quay Cottage, The Harbour nahe beim Westport House, Tel. 2 64 12. Auf Fischgerichte spezialisiertes Lokal mit einer Einrichtung für Gäste, die das Meer und Schiffe lieben.

33 Achill Island

Größte Insel vor der irischen Küste.

Achill Island ist knapp 150 km² groß. Vor dem Bau der Brücke, die seit 1886 die Verbindung zum Rest Irlands herstellt, wurden die Bewohner mit Schiffen von Westport aus versorgt, Vieh musste an einer seichten Stelle bei Ebbe durch das Wasser getrieben werden. Dennoch leb-

Nicht mediterrane Temperaturen, sondern lange einsame Strände sind es, welche die Besucher nach Achill Island im äußersten Westen Europas locken

Achill Island

Scharen bußfertiger Pilger erklimmen alljährlich auf steinigem Pfad den Gipfel des Croagh Patrick, auf dem einst der Nationalheilige Irlands meditiert haben soll

ten damals über 7000 Menschen auf Achill Island. Inzwischen ist ihre Zahl, bedingt durch die geringen Verdienstmöglichkeiten, auf etwa 3000 geschrumpft. Das Ackerland ist knapp, die Möglichkeiten zum Fischfang sind begrenzt, Industrie gibt es nicht. Man hofft also auf Einnahmen aus dem Tourismusgewerbe. Die Voraussetzungen dazu sind gut: Achill Island hat abwechslungsreiche Küstenlandschaften, weite Strände, einige archäologische Fundstätten und eine reiche Vegetation, die sich aus sage und schreibe 420 verschiedenen Pflanzenspezies zusammensetzt.

Die Tour beginnt zwangsläufig in der Ortschaft **Achill Sound**. Kurz hinter dem Ort weist ein Schild in Richtung *Atlantic Drive*. Diese Straße führt zu den spektakulärsten Küstenabschnitten der Insel. – Sieht man einmal davon ab, dass ganz im Westen von Achill Island die höchste Klippe Europas mehr als 600 m tief zum Meer abfällt; sie ist jedoch nur vom Wasser aus zu sehen. – Von **Keel** kann man zur *Keam Bay* weiterfahren oder zum 672 m hohen Berg *Slievemore* abbiegen, an dessen Hängen das ›Deserted village‹ liegt. Hier bezog früher eine ganze Gemeinde den Sommer über Quartier, weil die Viehweiden gewechselt werden mussten. Mit dem Abhandenkommen dieser Art von Wanderwirtschaft wurde auch das Dorf aufgegeben, es verfiel. Nach kurzer Strecke Richtung Dugort trifft man links der Straße auf ein Schild, das auf ein **Megalithgrab** verweist. Die Besichtigung ist mit einem kurzen Fußmarsch hügelan verbunden.

Auf dem Rückweg nach Achill Sound bietet sich direkt an der Abzweigung kurz vor Dugort ein Blick auf das Anwesen Heinrich Bölls. In dem unscheinbaren Haus, in dem sich der 1985 verstorbene Nobelpreisträger sein Domizil eingerichtet hatte, können heute junge Künstler und Schriftsteller für eine bestimmte Zeit wohnen und arbeiten. Auf einer Tafel am Eingang wird darum gebeten, die Privatsphäre zu respektieren.

Die geschilderte Runde lässt sich in etwa 2 Std. zurücklegen, Achill Island besitzt aber auch gute Voraussetzungen für einen mehrtägigen Aufenthalt. Freizeitmöglichkeiten gibt es in Hülle und Fülle: Wanderer, Golfer, Angler, Surfer und sogar Drachenflieger kommen auf ihre Kosten. Ideales Ziel für Bootsausflüge sind beispielsweise die Robbenfelsen nördlich von Dugort. Hotels sowie Bed & Breakfasts werben in großer Zahl um Gäste.

Praktische Hinweise

Hotel
***Achill Head**, Keel, Tel. 0 98/4 31 08, Fax 4 33 88, Internet: www.achillheadhotel.com. Sehr preisgünstiges und ordentliches Hotel.

Der Nordwesten – Wind, Torf und Lachse

Wenn die Iren vom Nordwesten ihrer Insel sprechen, meinen sie damit vor allem die Grafschaft Donegal mit ihren kargen Gebirgszügen und den nördlichen Teil Sligos. Ist dagegen die Rede von den weiter westlich gelegenen Gegenden der Counties Mayo und Galway, so sprechen sie von *The far west*, dem fernen Westen. Diese Bezeichnung sagt einiges über die Abgeschiedenheit des Landstrichs aus. Obwohl er ohnehin nur dünn besiedelt ist, verzeichnet er dennoch die höchsten Arbeitslosenzahlen und Abwanderungsquoten. ›God help us‹, ist die nach wie vor gängige Entgegnung, wenn jemand erzählt, er käme aus Mayo.

›Northwest‹ und ›Far west‹ haben landschaftlich vieles gemeinsam. Ihre ausgedehnten Moore, die rauen Küsten und die ständig wechselnden Wolkenformationen zeitigen unvergleichliche Stimmungen. Hinzu kommt das überaus reiche historische Erbe mit Dutzenden von archäologisch bedeutsamen Stätten. Von der Steinzeit bis ins späte Mittelalter haben hier **blühende Kulturen** existiert. Einige Gegenden waren vor 5000 Jahren dichter bevölkert als heute und wurden damals bewirtschaftet, während inzwischen wieder die Natur von ihnen Besitz ergriffen hat.

Die archäologische Forschung hat inzwischen eine neue Wertschätzung der Altertümer mit sich gebracht. Aber auch auf die jüngere Vergangenheit findet eine Rückbesinnung statt, die in der Einrichtung von *Heimatmuseen* und *historischen Parks* ihren Ausdruck findet. Dies kommt nicht zuletzt dem Tourismus entgegen, der zu einem wichtigen Wirtschaftsfaktor geworden ist. Neben Sehenswürdigkeiten besitzt die Region zudem einen hohen Freizeitwert: Der Nordwesten Irlands hat Angel- und Reitsportmöglichkeiten, Wanderwege, Sandstrände und vieles andere mehr zu bieten.

34 Céide Fields

Archäologisches Gelände mit den ältesten Landumfriedungen der Welt.

Die Ausgrabungen auf dem 1500 ha großen, 1993 eröffneten Gelände der Céide (gespr.: kej dschi) Fields haben gezeigt, dass hier vor mehr als 5000 Jahren eine hoch entwickelte Kultur existierte, die auf Ackerbau und Viehzucht fußte. Es scheint, als hätte dieselbe Klimaveränderung, die die Menschen dann zur Abwanderung zwang, die Entstehung der Torfmoore herbeigeführt, die ihre Hinterlassenschaft nun bedecken. Die kleinere Ausgrabung in **Belderrig** förderte Reste eines Gehöfts zutage, das bis in die Bronzezeit hinein bewirtschaftet wurde.

Besichtigung Von Westen kommend gelangt man zuerst nach Belderrig. Ein Schild weist nach links, zur Ausgrabung. Wenn man an *Doherty's Pub* vorbeikommt, hat man die Abzweigung bereits passiert. Nicht zu übersehen dagegen ist die Pyramide des *Céide Fields Visitor Centre* (Mitte März – Mai tgl. 10 – 17, Juni – Sept. tgl. 9.30 – 18.30, Okt. tgl. 10 – 17, Nov. tgl. 10 – 16.30 Uhr, Führungen: Tel. 0 96/4 33 25, Fax 4 32 61) ca. 5 km weiter östlich an der Küstenstraße. Bemerkenswerteste Funde von Céide Fields waren die kilometerlangen, mächtigen Steinmauern, die die Rinder- und Schafweiden begrenzten. Die Rundgänge auf dem archäologischen Gelände werden von kenntnisreichen Führern geleitet.

Eine Aussichtsplattform auf der anderen, dem Meer zugewandten Straßenseite, gewährt einen hervorragenden Blick auf die **Céide Cliffs**, eine steile Klippe, an der Tausende von Vögeln nisten.

Céide Fields / Downpatrick Head / Killala

Das Visitor Centre der Céide Fields gibt über das Leben der neolithischen Menschen ebenso Aufschluss wie über die Entstehung der Torfmoore

Praktische Hinweise

Hotel
The Hawthorns, Mrs. Carmel Murphy, Belderrig, Tel. 096/4 31 48, E-Mail: camurphy@indigo.ie. Bed & Breakfast in modernem Haus mit Blick über das Tal. Angenehme, ländliche Atmosphäre.

*Zeuge einer Klimaveränderung:
Vom Torf konservierter Kiefernstamm*

35 Downpatrick Head

Eindrucksvolle Felsformation an der Steilküste.

Schon von weitem ist die Landzunge zu sehen, die nach Norden hin ansteigt, um dann jäh ins Meer hinein abzufallen. Ihr vorgelagert ist **Dun Briste**, ein hoher, allein stehender Felsen. Einer örtlichen Legende zufolge hatte der hl. Patrick einst mit dem Teufel Streit. Er lockte ihn auf die äußerste Spitze der Landzunge und trennte diese dann vom Festland ab. Der Teufel sitzt seitdem auf der Felsnadel gefangen und kann den Iren kein Unheil antun. – Wahr an dieser Legende ist, dass Dun Briste bis ins Mittelalter hinein mit dem Land verbunden war.

Die kleine Straße auf die Landzunge endet an einem Parkplatz. Der Spaziergang zur vordersten Spitze des **Downpatrick Head** führt vorbei an einem der Kunstwerke des *North Mayo Sculpture Trail*, einer Statue des hl. Patrick und zwei umzäunten ›Blowholes‹, Löchern, in deren Tiefe das Meer tost. Bei der Inselgruppe im Westen handelt es sich um die *Stags of Broad Heaven*. Vorsicht ist am Klippenrand angebracht, insbesondere bei starkem Wind!

36 Killala

Freundlicher kleiner Hafen an der Killala Bay.

Abgesehen von seiner Lage an der gleichnamigen Bucht und seiner Attraktivität für Angler zeichnet sich Killala durch die Vielzahl von Monumenten aus

Der Nordwesten – Killala

Ein Fels in der Brandung: Noch im Mittelalter war Dun Briste mit der Landzunge, der es vorgelagert ist, verbunden

unterschiedlichen Zeiten aus, die in seiner Umgebung verstreut liegen. Es wird behauptet, der hl. Patrick selbst habe Killala gegründet. Der Rundturm, der den Ort überragt, legt Zeugnis davon ab, dass es sich um eine frühe klösterliche Siedlung handelt. Die älteste Kirche soll an der Stelle der jetzigen anglikanischen **Kathedrale** gestanden haben.

Geschichte machte Killala 1798, als General Humbert mit 1000 französischen Soldaten in seiner Nähe landete, um den Aufstand der United Irishmen zu unterstützen. Nach anfänglichen Erfolgen scheiterte die Kampagne jedoch.

Kurz hinter der Ortsausfahrt in Richtung Ballina zweigt links eine beschilderte Straße zur **Moyne Abbey** ab. Die 1460 gegründete Franziskanerabtei wurde im 16. Jh. vom englischen Gouverneur von Connaught niedergebrannt. – Bei feuchtem Wetter empfehlen sich für den Besuch des Klosters Gummistiefel.

Nördlich von Killala liegt direkt an einem Nebenarm der Bucht **Rathfran Abbey**, ein 1274 gegründetes Dominikanerkloster, das 1590 ebenfalls einem Brand zum Opfer fiel. Der Weg zu der Ruine führt über kleine Straßen und vorbei an mehreren **Megalithgräbern** und **Steinsetzungen**. Teils weisen Tafeln auf sie hin, teils sind sie schwer auszumachen und nur durch kurze Fußmärsche zu erreichen. Besucher mit entsprechendem Interesse können sich mit einer genauen Karte oder den einschlägigen Publikationen des Tourismusbüros in Killala entdeckerisch betätigen.

Die Killala-Bay besticht durch ihren landschaftlichen Reiz

Killala / Ballina

Praktische Hinweise

Tel.-Vorwahl Killala: 096

Hotel
Avondale House, Mrs. M. Caplice, Pier Road, Killala, Tel. 3 22 29, E-Mail: bilbow@eircom.net. Preiswertes, familiäres Bed & Breakfast in hübscher Lage an der Bucht.

Restaurant
The Courthouse Restaurant/Golden Acres Pub, Upper Market Street, Killala, Tel. 3 21 83. Irische Küche vom Feinsten.

37 Ballina

Zentrum der Moy Valley Region und Tummelplatz von Anglern.

Berühmt ist Ballina vor allem für seine Lachsgewässer und das alljährlich stattfindende *Salmon Festival* [s. S. 129]. Eine große historische Rolle spielte die kleine Stadt an der Mündung des Moy River allerdings zu keiner Zeit. In den letzten Jahrzehnten aber haben ihr der Zuzug ausländischer Unternehmen und der Tourismus ein starkes Wachstum beschert.

Mitten in der Stadt gibt es zwei Brücken über den Fluss, von denen aus Lachs geangelt werden kann, am bekanntesten hierfür ist der **Ridge Pool**. Auch im Umland, vor allem am *Lough Conn*, besteht ein breites Angebot an Angelsport- und anderen Freizeitmöglichkeiten.

Stolzer Fang – für Lachs-Angler offenbart sich der River Moy in Ballina als wahres Paradies

In der Nähe des Bahnhofs, dank eines Hinweisschildes leicht zu finden, liegt der **Dolmen of the Four Moals**, ein eindrucksvolles Megalithgrab, das zu Unrecht kaum besucht wird.

Etwas außerhalb, abseits der alten Straße nach Killala, versteckt sich direkt am Ufer des River Moy **Rosserk Friary**, eine Franziskanerabtei, die das Schicksal von Moyne Abbey [Nr. 36] teilte. Sie entstand etwa zur gleichen Zeit und wurde eben-

Skulpturenschmuck an der Rosserk Friary bei Ballina

Der Nordwesten – Ballina / Carrowmore / Sligo

falls auf Befehl von Gouverneur Bingham in Brand gesetzt – ihr Erhaltungszustand ist dennoch bemerkenswert gut.

Praktische Hinweise

Tel.-Vorwahl Ballina: 096
Information: Tourist Office, Cathedral Road, Tel. 70848

Hotels
*****Downhill**, Tel. 21033, Fax 21338, Internet: www.downhillhotel.ie. Hotel etwas außerhalb des Zentrums in ruhiger Lage mit Swimmingpool, Squashanlage und Sauna. Nur wenige Minuten Fußweg zum Lachsangelplatz.

Cnoc Breandain, Mrs. M. O'Dowd, Quay Road, Ballina, Tel. 22145, E-Mail: nodowd@iol.ie. Bed & Breakfast am River Moy.

Restaurant
The Bard, Garden Street, Ballina, Tel. 21894. Gut geführtes Restaurant mit angenehmem Ambiente.

 ## 38 Carrowmore

Größter steinzeitlicher ›Friedhof‹ Irlands.

Es gibt wenige Gegenden auf der Welt, in der Gräber, Steinkreise und andere steinzeitliche Megalithbauten in einer solchen Dichte vorkommen wie im Nordwesten Irlands – und hier wiederum ganz besonders in dem Bereich um den *Knocknarea*. Auch auf dem Gipfel dieses Berges ist schon aus der Ferne ein künstlicher Hügel zu sehen. Von ihm heißt es, dass er das Grab der Königin Maeve aus dem irischen Nationalepos ›Táin Bó Cúailnge‹ (›Der Rinderraub von Cooley‹) bedecke. Dementsprechend werden die zahlreichen Grabbauten unterhalb des Berges den Recken der Königin zugeordnet. Tatsächlich gehen die ältesten Gräber auf das 4. Jahrtausend v. Chr. zurück; das Königin Maeve zugeschriebene dürfte ca. 4500 Jahre alt sein. Für den Fall, dass der in dem Epos geschilderte Kampf zwischen den Königen von Ulster und Connaught einen historischen Hintergrund haben sollte, wäre dieser in den Auseinandersetzungen zwischen der vorkeltischen Bevölkerung und den gälischen Einwanderern zu sehen und ins 1. Jh. v. Chr. zu datieren.

Durch das *Visitor Centre* (Mai – Sept. tgl. 9.30 – 18.30 Uhr, Führungen auf Wunsch, Tel. 071/61534. Die Gräber können auch außerhalb dieser Zeiten besichtigt werden) gelangt man auf das Gelände mit dem größeren Teil der Megalithbauten. Weitere befinden sich auf der Straßenseite gegenüber, manche können nur von weitem, über die Zäune von Privatgrundstücken hinweg betrachtet werden; Schilder untersagen den Zutritt. Wieder andere sind längst dem Straßenbau oder dem Steinraub zum Opfer gefallen. Erstaunlich ist vor allem die Vielfalt der Grabtypen. Hügel- und Ganggräber, Menhire und Steinkreise liegen auf engstem Raum nebeneinander.

39 Sligo

Größte Stadt im Nordwesten Irlands und Hauptstadt des gleichnamigen Counties.

Sligos bei weitem berühmtester Sohn ist Dichter, Schriftsteller und Nobelpreisträger *William Butler Yeats*, der hier aufwuchs und hier begraben liegt. Die Stadt ist sehr viel mehr Wirtschafts- und Verwaltungs- als Tourismuszentrum.

Sligo (irisch: *Sligeach* = Muschelfluss) verdankt seine Entstehung der Lage an einer Furt über den Garavogue. Der strategisch wichtige Übergang war stets umkämpft, Mitte des 13. Jh. wurde er von den Normannen mit einer Verteidigungsanlage versehen. Bald darauf folgte die Gründung eines Klosters. Sligo gewann an Bedeutung, wurde jedoch im 17. Jh. von den Engländern zerstört. Heute besitzt die Stadt kaum mehr historische Bauten.

Die Ruine von **Sligo Abbey** in der Abbey Street ist das einzige Bauwerk, das sich aus dem Mittelalter in unsere Zeit herübergerettet hat. Das um 1250 von *Maurice Fitzgerald* gestiftete Kloster brannte im 15. Jh. und nochmals nach der Wiederherstellung im 17. Jh. aus. Die beiden sehenswertesten Teile sind der *Kreuzgang* aus dem späten 15. Jh. und das *Grabmal der O'Creans*, das zwar erst 1506 angefertigt wurde, dessen Menschendarstellungen aber eher frühirischen Charakter haben.

Das **Sligo County Museum and Municipal Art Gallery** (Juni – Sept. Di – Sa 10.30 – 12.30 und 14.30 – 16.30 Uhr, April/Mai und Okt. nur vormittags) in der *Stephen Street* nimmt sich in erster Linie des Erbes von *William Butler Yeats* an, besitzt aber auch Gemälde von dessen

Sligo / Creevykeel

Ben Bulben: Am Fuße dieses Tafelberges wurde William Butler Yeats seinem Wunsch entsprechend zur letzten Ruhe gebettet

Bruder *Jack B. Yeats*. Außerdem werden archäologische Funde aus der Umgebung gezeigt. Im **Yeats Memorial Building** an der Ecke *O'Connell Street/Douglas Hyde Bridge* veranstaltet jedes Jahr im August die ›Yeats International Summer School‹ Rezitationen, Seminare und Vorträge zum Werk des Dichters.

Den besten Badestrand der Gegend findet man nördlich von Sligo bei **Rosses Point** am Ende einer kleineren Straße. Gegenüber der schmalen Landzunge liegt am Fuße des *Ben Bulben*, eines sehr ebenmäßigen Tafelberges, **Drumcliff**. In diesem Ort ist William Butler Yeats seinem Wunsch gemäß bestattet. Er war 1939 in Südfrankreich gestorben und 1948 hierher überführt worden. Das Grab ist leicht zu finden. Bei dem nur mehr fragmentarisch erhaltenen *Rundturm* auf der linken Straßenseite biegt man nach rechts ab den Parkplatz ab, der sich direkt an den Friedhof anschließt. Dort ist eine einfache Kirche zu sehen, von der die schlichte letzte Ruhestätte des Dichters kaum mehr als zehn Schritte entfernt ist. Auf seinem Grabstein stehen die von ihm selbst verfassten Worte: »*Cast a cold Eye / on Life, on Death / Horseman, pass by.*« (»Wirf einen kalten Blick / auf das Leben, auf den Tod / und dann, Reiter, zieh weiter.«)

Am Rand des Friedhofs, der einst zum Gelände eines vom hl. Columba d. Ä. gegründeten Klosters gehörte, erhebt sich ein *Hochkreuz* aus dem frühen 11. Jh. Der Ring ist im Vergleich zu denjenigen älterer Kreuze kleiner, die Arme sind kürzer. Am besten erhalten ist die Ostseite, auf der (von oben nach unten betrachtet) ein glorifizierter Christus, Adam und Eva sowie Kain und Abel zu erkennen sind.

Praktische Hinweise

Tel.-Vorwahl Sligo: 0 71
Information: Tourist Office, Aras Reddan, Temple Street, Sligo, Tel. 6 12 01, Internet: www.sligo.ie und www.northwestireland.travel.ie

Hotels

**Clarence, Wine Street, Tel. 4 22 11, Fax 4 58 23. Preiswertes Hotel im Stadtzentrum mit Restaurant, Bar und Disco.

Castletown House, Mrs. M. Rooney, Drumcliff, Tel. 6 32 04, E-Mail: s_rooney_ie@yahoo.co.uk. Außerhalb gelegenes Bed & Breakfast.

40 Creevykeel

Eindrucksvolles steinzeitliches Ganggrab.

Der ›Creevykeel Court Cairn‹, wie die Anlage in englischsprachigen Veröffentlichungen genannt wird, bezeichnet einen enormen keilförmigen **Steinhaufen,** der einen ovalen Innenhof umschließt. Ein Zugang auf der Schmalseite des Hügels führt in den Hof und durch ein dolmenähnliches Portal in eine Kammer, von der ein weiteres Portal in einen dritten Raum überleitet. Die Wände von

Der Nordwesten – Creevykeel / Donegal

Hof und Kammern bestehen aus Orthostaten – großen, aufrecht stehenden Steinplatten. Ob das Bauwerk, das in der Mitte des 3. Jahrtausends v. Chr. angelegt und verschiedentlich erweitert worden sein dürfte, wirklich in erster Linie eine Grabstätte war, ist fraglich. Im Mittelalter jedenfalls hat es ein Schmied als *Werkstatt* benutzt – so der Befund der archäologischen Untersuchung des Jahres 1935.

41 Donegal

Hauptstadt vom County Donegal und idealer Ausgangspunkt für Ausflüge in die nördlicheren Regionen.

Donegal hat nur knapp 2000 Einwohner und ist Zentrum der Tweed-Industrie. Allsommerlich aber erlebt die liebenswürdige Marktstadt am Eingang der Donegal Bay einen starken Touristenandrang.

Geschichte Ihr irischer Name *Dún na nGall* bedeutet ›Fort der Fremden‹ – womit ein wikingisches Fort des 9. Jh. gemeint war. Als Familiensitz des mächtigen O'Donnell-Clans gelangte der Ort zu Bedeutung. Nachdem die O'Donnells im 17. Jh. aus Irland geflohen waren, ging das Land dann an die Engländer über.

Besichtigung Geschäftiges Zentrum von Donegal ist der dreieckige Hauptplatz **The Diamond**. In seiner Mitte steht, zu Ehren der ›Vier Meister‹ ein *Obelisk*. Diese franziskanischen Mönche von **Donegal Abbey** müssen zu den frühesten irischen Historikern gerechnet werden. In den ›Annals of the Four Masters‹ haben sie alles aufgezeichnet, was ihnen über die keltische Geschichte bekannt war. Von dem Kloster, nur einen kurzen Fußweg vom Diamond entfernt, ist nicht mehr sehr viel übrig. Es war 1474 von Red Hugh O'Donnell und dessen Frau gestiftet worden und flog 1601 in die Luft. Im Laufe der Auseinandersetzungen zwischen verschiedenen Mitgliedern der Familie O'Donnell – einer war zu den Engländern übergelaufen – war das Pulvermagazin in Brand geraten. Einige Mönche, darunter die ›Four Masters‹, harrten zwar noch bis 1608 aus, mussten Donegal aber schließlich auch verlassen. Die Abteiruine liegt außerordentlich malerisch inmitten eines Friedhofs an der Mündung des *River Eske* in die Donegal Bay.

Ebenfalls nahe am Diamond, aber nördlich davon, steht **Donegal Castle** (März – Okt. tgl. 10 – 17 Uhr), der im 15. Jh. erbaute Sitz der O'Donnells. Deren letzter Spross Hugh Roe O'Donnell soll es vor seiner Flucht in Brand gesetzt haben, um es nicht in die Hände der Engländer fallen zu lassen. Vergebens, wie sich zeigte, denn der nächste Eigentümer war der Brite Sir Basil Brooke. Er ließ das Gebäude im jakobäischen Stil restaurieren und erweitern. In den letzten

Das Ganggrab von Creevykeel gehört zu den eindrucksvollsten vorgeschichtlichen Denkmälern im Nordwesten Irlands

Donegal / Glencolumbkille

Das ständig wechselnde Licht und die dramatischen Wolkenstimmungen an der Küste vor Glencolumbkille sind ein unvergessliches Erlebnis

Jahren ist wieder eine Renovierung nötig geworden, das Schloss ist deshalb eingerüstet, bereits renovierte Räume können aber besichtigt werden.

Praktische Hinweise

Tel.-Vorwahl Donegal: 073
Information: Tourist Office, Ballyshannon Road, Tel. 2 11 48, Fax 2 27 62

Hotels

***Best Western Hyland Central, The Diamond, Tel. 2 10 27, Fax 2 22 95, Internet: www.bestwestern.com. Hotel direkt am Hauptplatz und an der Donegal Bay. Zur Ausstattung zählen neben Swimmingpool, Fitnessraum und Solarium auch ein gutes Restaurant sowie ein nostalgischer Pub.

Ardeeven, Mrs. M. McGinty, Lough Eske, Barnesmore, Tel. 2 20 29. Freundliches Bed & Breakfast etwa 8 km außerhalb der Stadt.

42 Glencolumbkille

Zwischen Küste und Bergen gelegenes Dorf.

Der *hl. Columba* (Columcille), der von 521 bis 597 lebte und dem viele Wundertaten nachgesagt werden, zog sich mit einigen Anhängern hierher zurück, um in der Einsamkeit zu beten und Askese zu üben. Die Reste eines von ihm erbauten Gebetshauses, eine Quelle und ein paar alte Steinkreuze werden heute noch verehrt. Die **Kreuzwegstationen**, an denen jedes Jahr am 9. Juni, dem Festtag des hl. Columba, gebetet wird, passiert man bei der Ortseinfahrt.

In den 50er-Jahren des 20. Jh. betrug die Auswanderungsquote in dieser Gegend 75 %. Ein Pfarrer namens *James McDyer* trat der Misere entgegen, indem er u. a. Kooperativen gründete und den Tourismus ankurbelte. Inzwischen haben sich die wirtschaftlichen Verhältnisse verbessert – ein Erfolg, zu dem auch die Förderung der Fischereiindustrie beigetragen haben mag. Vor allem *Killybegs* ist zum wichtigen Fischereihafen geworden.

TOP TIPP Hauptsehenswürdigkeit im Ort ist das **Folk Village** (Mo–Sa 10–18, So 12–18 Uhr), ein Heimatmuseum, das seine Entstehung ebenfalls der Initiative von Father McDyer verdankt. Die hier wieder aufgebauten Bauernhäuser vermitteln ein anschauliches Bild vom ländlichen Leben im 19. Jh.

Bei gutem Wetter ist eine Wanderung auf den *Glen Head*, der an der Nordseite des Dorfes aufragt, ein großartiges Erlebnis.

Praktische Hinweise

Hotel

Atlantic Scene, Mrs. Ward, Dooey, Glencolumbkille, Tel. 0 73/3 01 86. Einfache, sehr preiswerte Unterkunft.

Nordirland – Burgruinen, Basaltgestein und Belfast

Wenn von den sechs irischen Grafschaften die Rede ist, die zum Vereinigten Königreich von Großbritannien gehören, spricht man meist von Nordirland oder von Ulster. Genaugenommen ist weder das eine noch das andere korrekt. Einerseits gehört die nördlichste Spitze der Insel zur Republik, andererseits hat Ulster neun Counties: Antrim, Down, Armagh, Derry, Fermanagh und Tyrone, die von London aus regiert werden, und Cavan, Donegal und Monaghan, die der Amtsgewalt Dublins unterstehen.

Wer von der Republik aus über die **Grenze** fährt, braucht mit keinerlei Kontrollen zu rechnen. Gefahren, die aus den Feindseligkeiten zwischen den zwei Bevölkerungsgruppen resultieren, drohen Touristen nicht. Es empfiehlt sich jedoch aller Bemühungen um Frieden zum Trotz, an bestimmten Tagen – etwa am 17. März, dem *St. Patrick's Day*, den die Katholiken feiern, oder am 12. Juli, an dem die Protestanten den Sieg Wilhelms III. von Oranien über Jakob II. begehen, – Gegenden zu meiden, in denen Demonstrationen stattfinden.

Das Bild, das sich dem Reisenden nach dem Passieren der Grenze bietet, unterscheidet sich kaum vom bisherigen. Die Briefkästen sind nun nicht mehr grün, sondern rot, die **Landschaft** wirkt dort, wo sie von Menschen gestaltet ist, manchmal gezähmter, englischer. Ansonsten: sanfte Hügel, Felder, Hecken, Steinmauern. In Nordirland wiederholt sich ein topographisches Bild, das für Irland typisch ist: Wie bei einer Schüssel liegt der tiefste Punkt in der Mitte. Die Niederung ist hier vom Lough Neagh bedeckt, rund um das zentrale Tiefland erheben sich **Berg-** und **Hügelketten**, in seinem Südwesten schließt sich das **Seengebiet** von Fermanagh an.

43 Londonderry (Derry)

Zweitgrößte Stadt Nordirlands mit ansprechender Altstadt.

Schon die Nennung des Namens der 95 000 Einwohner zählenden Stadt ist eine politische Aussage. Für die katholischen Republikaner heißt sie Derry, für die protestantischen Royalisten heißt sie Londonderry. Urlauber, die ihren Gesprächspartner nicht einschätzen können, machen am besten durch ihren Akzent deutlich, dass sie Außenstehende sind.

Geschichte Als der hl. Columba im 6. Jh. vor der Pest aus Donegal hierher floh, gründete er in einem Eichenwald (irisch: *Doire*) ein Kloster. Die Mönchssiedlung, aus der sich Derry entwickelte, lag an einer strategisch günstigen Stelle auf einem Hügel, von dem aus sich die Einfahrt in den *River Foyle* überblicken ließ. Der Ort wurde daher immer wieder angegriffen, belagert und zerstört. Nach der ›Flucht der Grafen‹ 1607 fielen riesige Landstriche an die englische Krone. König James I. übergab die Stadt Londoner Handelskompanien, die sie in *Londonderry* umbenannten, mit Protestanten besiedelten und mit einer mächtigen Stadtmauer umgaben – der letzten Europas. Im 17. Jh. belagerten dreimal die Katholiken die Stadt. 1689 war sie kurz vor dem Fall, doch 13 Lehrjungen zogen die Schlüssel der Tore ab und verhinderten so eine Übergabe. Am 12. August kam, nach 105 Tagen, englischer Entsatz. Noch heute feiern die Protestanten diesen Tag als *Apprentice Boys Day*.

Im 19. Jh. wuchs Londonderry zum

114

Londonderry (Derry)

Die Guildhall vor den Stadtmauern Londonderrys: Ihre Architektur (**oben**) *sowie die wertvollen Buntglasfenster* (**unten**) *machen sie zu einem Schmuckstück der Stadt*

Zentrum der Textilindustrie heran. Es bildeten sich Viertel wie *Creggan* und *Bogside* heraus, in denen, mehr schlecht als recht, die katholische Arbeiterschaft lebte. Durch die Teilung der Insel im Jahr 1920 verlor die Stadt ihr Hinterland. Der folgende wirtschaftliche Niedergang traf wiederum die Katholiken am härtesten. In den Auseinandersetzungen der 60er-Jahre des 20. Jh. gingen die Spannungen zwischen den beiden Bevölkerungsteilen so weit, dass die Bewohner der Bogside 1969 Barrikaden um ihr Viertel errichteten und es zum ›Freien Derry‹ erklärten. Mit dem *Bloody Sunday* des Jahres 1972 erlebte die Stadt einen Unglückstag, der schwere Folgen haben sollte [s. S. 116].

<u>**Besichtigung**</u> Von dem einen oder anderen außerhalb gelegenen Standpunkt macht der Anblick Londonderrys einen viel versprechenden Eindruck. Doch das, was es an Sehenswertem gibt, beschränkt sich fast ganz auf den alten, von der Mauer umgebenen Teil der Stadt. Folgt man der Beschilderung zum Zentrum, so

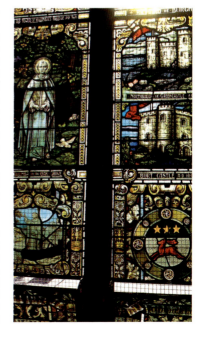

Nordirland – Londonderry (Derry)

gelangt man zur Guildhall. Es ist ratsam, das Auto dort auf dem bewachten Parkplatz stehen zu lassen und die weitere Besichtigung zu Fuß vorzunehmen.

Die **Guildhall** (Mo – Fr 9 –17.30 Uhr), das Innungshaus, steht außerhalb der Stadtmauer. Es wurde 1890 errichtet, nach einem Brand im Jahre 1908 neu aufgebaut und dient heute als Rathaus. Freundliches Personal weist Touristen darauf hin, welche der mit Holzvertäfelungen, Schnitzereien, Buntglasfenstern und Wandbehängen ausgestatteten Säle sie betreten können.

Durch das nahe **Shipquay Gate** betritt man die Altstadt. Gleich rechts dieses Tores ist in einem alten Wachtturm das **Tower Museum** (Di – Sa 10 –17 Uhr) untergebracht, das Exponate zur Geschichte Derrys präsentiert. Die gut 1,5 km lange **Stadtmauer**, die die Altstadt umgibt, ist die am besten erhaltene in ganz Irland.

Der Nordirland-Konflikt

Um einen Religionskrieg hat es sich bei den Auseinandersetzungen zwischen Katholiken und Protestanten nie gehandelt – auch wenn Agitatoren wie der Pastor **Ian Paisley** *bei den englandtreuen Nordiren immer wieder Ängste vor dem Leben unter der Fuchtel des Papstes schüren. Um die* **Ursachen** *des Konfliktes zu verstehen, muss man die Ereignisse im frühen 17. Jh. betrachten. Damals siedelte König Jakob I. viele Tausende von protestantischen Engländern und Schotten in Ulster an. Je heftiger sich die Katholiken in der Folgezeit gegen die Benachteiligung gegenüber ihren neuen Landsleuten wehrten, um so stärker wandten diese sich der Krone zu.*

Mit der **Unabhängigkeit** *der Republik 1949 erfolgte die Teilung Irlands. Die Grenze wurde entsprechend den Mehrheitsverhältnissen der Religionszugehörigkeit gezogen. Die im Norden lebenden Katholiken blieben eine diskriminierte* **Minderheit***: Bis 1969 gehörte kein einziger von ihnen der nordirischen Regierung an. Nach dem Vorbild der amerikanischen Bürgerrechtsbewegung begannen sie, Protestmärsche zu organisieren. Diese wurden brutal auseinandergetrieben, es kam zu* **Straßenschlachten***. England schickte Soldaten, die Stimmung erhitzte sich.*

Nachdem im Januar 1972 am ›Bloody Sunday‹ in Derry 13 unbewaffnete Demonstranten von der Armee erschossen worden waren, erwachte die tot geglaubte **IRA** *zu neuem Leben, militante loyalistische Gruppen stellten sich ihr entgegen. 3000 Tote, 14 000 Bombenexplosionen, 34 000 Schießereien, 300 000 Hausdurchsuchungen, 50 000 Verhaftungen, unzählige Verletzte, Verkrüppelte und seelisch Geschädigte waren das Ergebnis.*

Im August 1994 zeichnete sich eine Wende ab: Die IRA proklamierte eine einseitige **Waffenruhe***, eine entsprechende Erklärung der protestantischen Milizen folgte. Britische Truppen wurden abgezogen, Sicherheitskontrollen abgebaut und Straßensperren demontiert. Als sich der Sinn Féin-Vorsitzende* **Gerry Adams** *mit britischen und irischen Regierungsvertretern zu Gesprächen traf, war der Anfang zu einer politischen Lösung gemacht. Doch im folgenden Friedensprozess gab es wiederholt Rückschläge. Das* **Karfreitagsabkommen** *führte im Dezember 1999 erstmals zu einer gemeinsamen Regierung von Protestanten und Katholiken. Aber schon zwei Monate später wurde diese vom britischen Unterhaus wieder abgesetzt, da die IRA zu einer Entwaffnung nicht bereit war. Erneut regierten die Briten direkt über Nordirland. Im Mai 2000 nahm die nordirische Regionalregierung zwar wieder ihre Arbeit auf, doch unter Boykott der Protestanten. Auch nach dem Rücktritt David Trimbles, des Vorsitzenden der nordirischen Regionalregierung, im Juli 2001 verliefen weitere Abrüstungsgespräche vorerst erfolglos. Die Aussicht auf Frieden ist getrübt.*

Londonderry (Derry) / Dunluce Castle

Die vier ursprünglichen Tore – Bishop's Gate, Ferryquay Gate, Shipquay Gate und Butcher Gate – sind wie bei einer römischen Stadtanlage durch zwei Straßen verbunden, die sich auf einem Hauptplatz treffen. Wie dieser Platz, **The Diamond**, über die Zeiten hinweg sein Gesicht verändert hat, ist auf Tafeln veranschaulicht, die in seiner Mitte angebracht sind.

Der lange Jahre allgegenwärtige Stacheldraht ist abgebaut, das 1789 von *James Gandon* im Stil eines Triumphbogens erbaute **Bishop's Gate** ist wieder passierbar. Durchschreitet man es, so erhält man einen Blick auf wenig anheimelnde Wohnviertel. Wieder innerhalb der Stadtmauern sieht man östlich der Bishop Street **St. Columb's Cathedral** (Mo–Sa 9–13 und 14–17 Uhr), deren Errichtung Londoner Zünfte in Auftrag gaben. Der Baustil – englische Neogotik – war Ausdruck ihrer engen Verbundenheit mit dem Mutterland. In der Eingangshalle ist der originale Grundstein von 1633 zu sehen.

Eine Attraktion für Eisenbahn-Fans ist das **Foyle Valley Railway Centre** (Di–Sa 10–17, im Sommer So 14–18 Uhr) an der *Foyle Road Station*, nahe der Craigavon Bridge. Hier können Fahrten mit Dieselloks gebucht und das zugehörige Museum besucht werden.

Praktische Hinweise

Tel.-Vorwahl Londonderry: 028
Information: Tourist Information Centre, 8 Bishop Street, Tel. 71 26 72 84

Flughafen
City of Derry Airport, Airport Road, Tel. 71 81 07 84

Einkaufen
Derry Craft Village, Shipquay Street, Tel. 71 26 03 29, Fax 71 36 09 21

Hotels
***White Horse Inn**, 68 Clooney Road, Campsie, Tel. 71 86 06 06, Fax 71 86 03 71, Internet: www.whitehorse-hotel.com. Hotel am Stadtrand mit gutem Blick über den Lough Foyle und die Berge von Donegal.

Elagh Hall, Buncrana Road, Derry, Tel. 71 26 31 16, E-Mail: lizelagh@yahoo.com. Bed & Breakfast mit Bergblick.

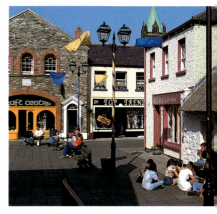

Das Craft Village in Londonderry ist eines jener Zentren, in denen Touristen ein breites Angebot an irischem Kunsthandwerk vorfinden

Restaurant
Oyster's, 164 Spencer Road, Tel. 71 34 48 75. Gutes Restaurant mit einheimischer Küche der mittleren Preisklasse.

44 Dunluce Castle

Eindrucksvolle Burgruine auf einem steilen Felsen über dem Meer.

Von **Portrush**, einem im Sommer vor allem von nordirischen Familien frequentierten Badeort, gelangt man auf guter

Schönste Ruine Nordirlands: Sogar auf Banknoten ist Dunluce Castle zu sehen

Nordirland – Dunluce Castle / Giant's Causeway / Antrim Coast Road

Straße nach Balintrae mit dem **Dunluce Castle** (April – Sept. Mo – Sa 10 – 19, So 11 – 19, Okt. – März Mo – Sa 10 – 16, So 14 – 16 Uhr). Von der im Mittelalter praktisch uneinnehmbaren Burg aus ließ sich die Schifffahrtsroute entlang der Küste kontrollieren. Bereits Kelten, frühe Christen und Wikinger hatten die strategischen Vorteile des Ortes erkannt und den Felsen als natürliche Festung genutzt. Die ältesten Teile der jetzigen Burg stammen aus dem 14. Jh., der Hauptteil aus dem 16. Jh. Durch Eroberungen, List und Heiratspolitik wechselte sie mehrere Male die Besitzer, bis sie nach 1639 aufgegeben wurde: Während eines Sturmes war ein unterspülter Fels abgebrochen, Küche und Dienstbotengebäude waren samt Personal ins Meer gestürzt.

Praktische Hinweise

Tel.-Vorwahl: 028

Hotels

***Magherabuoy House**, 41 Magherabuoy Road, Portrush, Tel. 70 82 35 07, Fax 70 82 46 87, Internet: www.magherabuoy.co.uk. Hotel auf einem Hügel nahe Dunluce Castle mit schönem Blick auf Stadt und Meer.

Harbour Heights, A. & R. Rossborough, 17 Kerr Street, Portrush, Tel. 70 82 27 65, Fax 70 82 25 58, Internet: www.harbour-heights.co.uk. Gepflegte Bed & Breakfast-Unterkunft.

 45 Giant's Causeway

Basaltsteinformation an der Küste Antrims, die gut als Irlands größtes Naturwunder bezeichnet werden kann.

Für das Zustandekommen des ›Dammes des Riesen‹ gibt es mehrere Erklärungen. Diejenige, der die Formation ihren Namen verdankt, besagt, dass sich der Riese *Finn McCool* in eine Frau verliebt habe, die auf der schottischen Insel *Staffa* lebte. Um zu ihr zu gelangen, habe er den steinernen Übergang gebaut. Tatsächlich gibt es auf Staffa ebenfalls Basaltsäulen. Die Erklärung der Geologen bzw. Mineralogen fällt weit prosaischer aus. Ihre Geschichte: Vor ca. 60 Mio. Jahren wurde dünnflüssige Lava durch Erdspalten an die Oberfläche gedrückt. Beim Abkühlen zersprang sie senkrecht zur Abkühlungsfläche – vorwiegend in sechseckige, aber auch in vier-, fünf-, sieben- und achteckige Säulen. Ähnliche Formationen gibt es an vielen Orten auf der Erde, die Anzahl, Größe und Ebenmäßigkeit der Basaltsäulen von Giant's Causeway jedoch ist einzigartig. 37 000 sollen es insgesamt sein. Kilometerweit kann man an ihnen entlangwandern und immer neue Besonderheiten entdecken. Die größte, **Giant's Organ**, ist 12 m hoch.

Der Parkplatz, auf dem man ankommt, grenzt direkt an das *Visitor Centre* (im Sommer tgl. 10 – 19, im Winter 10 – 16.30 Uhr). Das Eintrittsgeld, das hier verlangt wird, schließt die Besichtigung der Ausstellungsräume und eine 25-minütige **Tonbildschau** ein, ferner die ca. 1,5 km weite Fahrt mit dem Minibus zum Giant's Causeway. Dieser ist aber jederzeit – also auch außerhalb der Öffnungszeiten des Visitor Centres – zu Fuß begehbar. Die Wege an den Basaltsäulen entlang sind übrigens gut ausgebaut.

Im Besucherzentrum befinden sich auch ein Laden mit einer Auswahl an Souvenirs und Büchern sowie ein Café.

Nur wenige Kilometer von Giant's Causeway entfernt liegt die kleine Ortschaft **Bushmills**, bekannt für ihre *Whiskey-Distillery* (Mo – Do 9 – 12 und 13.30 – 15.30, Fr 9 – 11.45, im Sommer länger, Tel. 3 15 21, Fax 3 13 39), die älteste der Welt. 1608 wurde hier zum erstenmal offiziell gebrannt, aber die Tradition reicht sehr viel weiter zurück. Geführte Touren werden fast das ganze Jahr über angeboten.

Praktische Hinweise

Tel.-Vorwahl: 028

Hotel

***Causeway**, 40 Causeway Road, Tel. 20 73 12 26, Fax 20 73 25 52, Internet: www.giants-causeway-hotel.com. Mehr als 150 Jahre altes, modernisiertes Haus direkt am Visitor Centre des Giant's Causeway.

 46 Antrim Coast Road

Eine der schönsten Küstenstraßen Irlands.

Während das Binnenland der Grafschaft Antrim mit nur relativ wenigen landschaftlichen Reizen lockt, ist seine Küste um so spektakulärer. Obwohl Irland reich ist an Inseln, Halbinseln, Stränden und Klippen, wird diese Straße auch jenen noch etwas Besonderes bieten, die – fast – alles gesehen haben. Eindrucksvoll sind nicht nur die Ausblicke auf die See hinaus, sondern auch die wechselnden Farben des Gesteins: Roter Granit löst weißen Kalkstein ab oder macht schwarzem Basalt Platz.

Die Antrim Coast Road beginnt in **Ballycastle**, wo jeden August die *Ould Lammas Fair* stattfindet, die älteste alljährlich wiederkehrende Kirmes Irlands. Vom Hafen des Ortes aus bestehen Bootsverbindungen nach *Rathlin Island*, einer 8 km vor der Küste gelegenen Insel, die aufgrund großer Seevogelkolonien besonders Ornithologen und Botaniker anzieht.

Das erste Stück Küstenstraße ist die an der *Murlough Bay* entlang verlaufende *Cushendun Scenic Route*. Dort gibt es mehrere Aussichtspunkte, an denen man, insbesondere bei gutem Wetter, auf keinen Fall vorüberfahren sollte. Unter anderem vom **Fair Head** aus eröffnet sich eine wundervolle Fernsicht bis zum schottischen Mull of Kintyre.

Rechts der Straße fallen immer wieder die kleinen Täler auf, die sich in Südwest-Richtung ins Landesinnere ziehen. Sie waren früher schwer zugänglich und deshalb Rückzugsgebiete der Katholiken, die ihr Land an die protestantischen Siedler verloren hatten. Von der Hungersnot um 1845 waren sie besonders hart betroffen. Um ihnen Arbeit zu geben und ihnen wenigstens zu einem kleinen Einkommen zu verhelfen, nahm die Regierung den Bau der Küstenstraße in Angriff. Für einen Abstecher empfiehlt sich das wild-romantische Tal von **Glenariff**, das der Dichter *William Thackeray* als eine Miniaturausgabe der Schweiz beschrieb. Man biegt in Cushendall an der *Red Bay* nach rechts auf die B 14 in Richtung Ballymena ab und gelangt so zum **Glenariff Forest Park**. Am Visitor Centre des 800 ha großen Areals beginnt ein Wanderweg, auf dem man in einer halben Stunde zu einem herrlichen *Wasserfall* marschieren kann. Auf der A 43 kehrt man zurück zur Küstenstraße.

Über **Glenarm**, ein Dorf mit einem Schloss aus dem 17. Jh., das heute noch von der Familie *McDonal*, Lords von Antrim, bewohnt wird, erreicht man

Tausende von Basaltsäulen – alljährlich von Abertausenden bewundert: Der Giant's Causeway ist eine herausragende Attraktion im Norden Irlands

Nordirland – Antrim Coast Road / Belfast

schließlich **Larne**. An Sehenswürdigkeiten besitzt der Ort lediglich die Ruine von *Olderfleet Castle*, eines Verteidigungsturms aus dem 13. Jh., und den Nachbau eines Rundturms. Bekannt ist Larne in erster Linie als Hafen mit der kürzesten Verbindung zwischen Irland und Schottland. Die Möglichkeit, von hier bis Belfast weiterhin an der Küste entlangzufahren, besteht zwar, landschaftliche Höhepunkte dürfen jedoch nicht mehr erwartet werden.

47 Belfast *Plan Seite 122*

Von den ›Troubles‹ genesende nordirische Hauptstadt.

Das Inkrafttreten des Waffenstillstands vom August 1994 brachte für Belfast einen grundlegenden Wandel. Von der Nervosität, die stets geherrscht hatte, war kaum noch etwas zu spüren, das Militär verschwand aus dem Straßenbild, Optimismus breitete sich aus. Doch die Friedensverhandlungen haben die Hoffnungen, die man in sie gesetzt hatte, bislang nicht erfüllt. Insbesondere dann, wenn die verschiedenen religiösen Gruppen ihre traditionellen Paraden abhalten, kommt es in den Vierteln um die katholische *Falls Road* und die protestantische *Skankill Road* auch gegenwärtig immer wieder zu Spannungen. Im Großen und Ganzen aber zeigt Belfast dem Besucher ein freundliches Gesicht.

Geschichte Innerhalb des Stadtgebietes von Belfast gibt es zahlreiche Spuren stein-, bronze- und eisenzeitlicher Besiedlung. Im 12. Jh. erbauten die Normannen am River Lagan die Burg *Beál Feirste*, die der jetzigen Stadt den Namen gab, aber ansonsten nicht zu großer Bedeutung gelangte. Der Ort, der sich in ihrem Schutz entwickelte, wuchs zwar mit der Ansiedlung von protestantischen Engländern und Schotten im Jahr 1607, doch einen wirklichen Boom erlebte Belfast erst gegen Ende des Jahrhunderts. Hugenotten, die aus Frankreich geflohen waren, wurden hier sesshaft und brachten neue Methoden der Leinenverarbeitung mit. Große Werftanlagen entstanden, Belfast wurde zum Industriezentrum, die Bevölkerungszahlen stiegen sprunghaft an. Die Erhebung zur Stadt im Jahre 1888 durch Königin Victoria brachte die Errichtung prächtiger Gebäude – aber zugleich auch Slumviertel, in denen die Arbeiter, streng nach Konfessionen getrennt, unter menschenunwürdigen Bedingungen leben mussten.

1920 wurde Belfast zur Hauptstadt Nordirlands. Die Arbeitsplätze, die durch Flugzeug-, Maschinen- und Schiffbau, durch Leinen- und Lebensmittelindustrie und im Transportgewerbe geschaffen wurden, zogen Tausende von Menschen an. Als aber in den 70er-Jahren des 20. Jh. bürgerkriegsähnliche Auseinandersetzungen zwischen Katholiken und Protestanten Belfast erschütterten und

Verspieltheit, Eleganz oder Zuckerbäckerstil? Über das Grand Opera House in Belfast gehen die Geschmacksurteile auseinander

Belfast

Prunkvollstes Gebäude, Wahrzeichen und Orientierungspunkt: Die imposante City Hall am Donegall Square überragt die Innenstadt Belfasts

Geschäfte, Pubs und öffentliche Gebäude zum Ziel von Bombenanschlägen wurden, sank die Einwohnerzahl um ein Viertel auf unter 300 000. Nicht etwa im Interesse der Stadtverschönerung, sondern aus Sicherheitsgründen wurden Teile der Innenstadt damals zur Fußgängerzone erklärt.

Besichtigung Idealer Ausgangspunkt für einen Rundgang durch Belfast ist der zentral gelegene *Donegall Square*, der von der **City Hall** ❶ (Besichtigung nur nach Voranmeldung, Tel. 32 02 02-22 27) beherrscht wird. Sie ist das Wahrzeichen der Stadt und spiegelt den Aufschwung, den Belfast um 1900 erlebte, am deutlichsten wider. Mit seiner neoklassizistischen Front und der 53 m hohen Kupferkuppel erinnert das Rathaus stark an das Kapitol in Washington. Es wurde zum Andenken an einen Besuch der Königin Victoria errichtet und entsprechend prunkvoll ausgestattet. In der *Empfangshalle*, in der viel italienischer Marmor verbaut wurde, sind auf einem Wandgemälde die Industriezweige dargestellt, die die Stadt einst reich werden ließen. 15 Jahre nach der Fertigstellung des Gebäudes im Jahre 1906 fand hier die erste Versammlung des nordirischen Parlaments statt.

Vor der City Hall steht ein *Denkmal für Königin Victoria*; an der Ostseite erinnert das *Titanic-Denkmal* an das 1912 gesunkene Passagierschiff, das in Belfast gebaut worden war. Ein Abstecher führt in die hier beginnende **Chichester Street** ❷, in der sich einige großartige *georgianische Häuser* (Hausnrn. 7–11) erhalten haben – ebenso in der *Joy Street* (Hausnrn. 14–26) wenige Blocks südöstlich.

Am Donegall Square North steht die **Linenhall Library** ❸ (Mo–Fr 10–17.30, Sa 10–16 Uhr), eine 1788 eröffnete Bibliothek, die über 20 000 Werke zur irischen Geschichte enthält, darunter die frühesten Druckerzeugnisse aus Ulster. Ein weiteres bedeutendes Bauwerk, das **Scottish Provident Building** ❹, befindet sich auf der Westseite des Platzes. Es wurde wie das Rathaus um 1900 errichtet und zeichnet sich vor allem durch seinen Skulpturenschmuck aus.

Ein kurzer Spaziergang führt vorbei an prächtigen Bankgebäuden in die Highstreet zum **Albert Memorial Clocktower** ❺. Er wurde 1865 zum Gedenken an den Prinzgemahl Königin Victorias – der nie nach Belfast kam – errichtet, und ist infolge von Bodenabsenkungen mittlerweile in eine beträchtliche Schieflage geraten. Das weiße Gebäude unmittelbar nördlich des Uhrturms, nunmehr

Nordirland – Belfast

an eine Computerfirma vermietet, wurde 1852 von dem Architekten *Sir Charles Lanyon* gebaut, der das Aussehen der Stadt entscheidend mitgeprägt hat.

Die **St. George's Church** ❻ an der Ecke zur Victoria Street ist an ihrem klassizistischen Portikus zu erkennen. Dieser gehörte ursprünglich zu einer Villa im gut 50 km entfernten Bellaghy. Deren Besitzer, der exzentrische *Earl of Bristol*, hatte nicht die Geduld, die Fertigstellung seines neuen Wohnsitzes abzuwarten, ließ den Vorbau abtragen und beim Bau der Kirche 1861 hier einsetzen.

Der Bezirk um *High Street*, *Ann Street* und *Cornmarket* ist der älteste Teil Belfasts. Er hat durch die Bombardements im Zweiten Weltkrieg stark gelitten, einige kleine Gässchen aber, die **Entries**, sind erhalten geblieben. Hier, etwas abseits der Einkaufsstraßen, gibt es einige herrliche alte **Pubs** wie das ›Morning Star‹ in *Pottinger's Entry*.

Den Queen's Square dominiert das 1852 fertig gestellte **Custom House** ❼, eines von *Charles Lanyons* Bauwerken. Heute ist im Zollamt eine Sammlung von Gemälden untergebracht, die fast alle die Seefahrt zum Gegenstand haben. Die dem Lagan zugewandte Vorderfront schmücken die Skulpturen der Britannia, des Neptun und des Merkur. Ganz in der Nähe überbrücken die moderne Queen Elizabeth Bridge und wenig weiter südlich die als Lanyons erstes Belfaster Projekt errichtete **Queen's Bridge** ❽ den Fluss. Nordwestlich erhebt sich in der *Donegall Street* die neoromanische **St. Anne's Cathedral** ❾ aus der Zeit um 1900. Sehenswert ist das Deckenmosaik in der Taufkapelle mit einer Darstellung der Schöpfungsgeschichte.

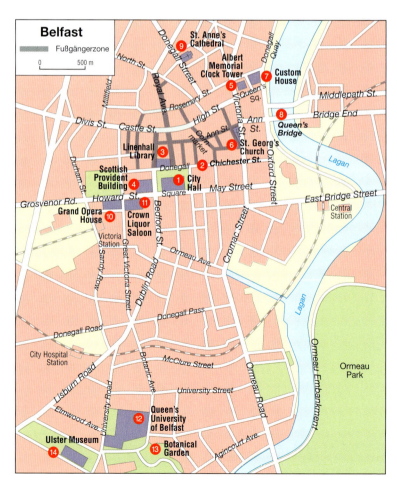

Belfast

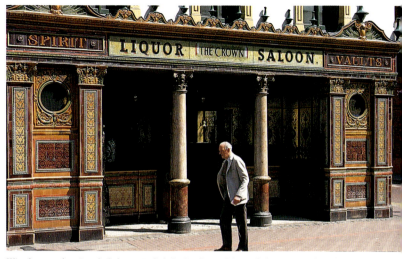

Wirtshaus und nationale Sehenswürdigkeit: Im Crown Liquor Saloon isst und trinkt man in gepflegter Atmosphäre gleich vis-à-vis des Opernhauses

Mittelpunkt des Belfaster Nachtlebens ist die *Great Victoria Street*, die zum Universitätsviertel führt und südwestlich der City Hall ihren Anfang hat. Hier fällt das 1895 eröffnete **Grand Opera House** ❿ ins Auge, das vor allem dank seiner aufwendigen Innenarchitektur zu den prächtigsten Opernhäusern Europas gezählt werden kann. Mit der gleichen Berechtigung darf der **Crown Liquor Saloon** ⓫ direkt gegenüber als eines der stilvollsten Wirtshäuser gelten. Das Originalinterieur aus der viktorianischen Zeit – herrliche Schnitzereien aus Mahagoni, mosaikverzierte Wände, Buntglas, Gaslaternen – steht glücklicherweise unter Denkmalschutz.

Für das äußere Erscheinungsbild der **Queen's University of Belfast** ⓬ ist wiederum weitgehend Charles Lanyon verantwortlich. Er gestaltete das Hauptgebäude in der zweiten Hälfte des 19. Jh. nach dem Vorbild des Magdalen College in Oxford. Etwa 8000 Studenten sind an der renommiertesten Ausbildungsstätte Nordirlands eingeschrieben.

An das Gelände der Universität schließt sich der **Botanical Garden** ⓭ an. Sein Prunkstück ist das etwa 150 Jahre alte *Palmenhaus*, eine gelungene Gusseisen- und Glaskonstruktion.

Das **Ulster Museum** ⓮ (Mo–Fr 10–17, Sa 13–17, So 14–17 Uhr), westlich des Gartens, besitzt eine ungeheure Fülle von Ausstellungsgegenständen. Gezeigt werden u. a. Exponate zu folgenden Themen: Saurier, Mineralien, Fossilien, Vor- und Frühgeschichte, irische Kunst und Dampfmaschinen. Glanzstück der Sammlung ist der Schatz des Schiffes ›Girona‹, das zur spanischen Armada gehörte und in der Nähe von Giant's Causeway unterging. Teile des Wracks wurden 1968 geborgen und 1972 vom Ulster Museum angekauft.

Praktische Hinweise

Tel.-Vorwahl Belfast: 028
Information: Belfast Welcome Centre, 47 Donegal Place, Belfast, Tel. 90 24 66 09, Fax 90 24 09 60

Hotels

***Dukes, 65–67 University Street, Tel. 90 23 66 66, Fax 90 23 71 77, Internet: www.dukes-hotel.com. Hotel in neu ausgestattetem viktorianischem Gebäude nahe der Universität. Eigenes Restaurant und Bar.

Tara Lodge, 36 Cromwell Road, Tel. 90 59 09 00, Fax 90 59 09 01, Internet: www.taralodge.com. Behagliches Gästehaus etwa 1 km vom Stadtzentrum entfernt.

Café

Zinc Wine Bar, Bistro & Café, 12 Stramillies Road, Tel. 90 68 22 66. Erstklassige, ungezwungene Atmosphäre.

Irland aktuell A bis Z

Vor Reiseantritt

ADAC Info-Service
Tel. 01805/10 11 12, Fax 30 29 28
(24 Pf./Min.)

ADAC im Internet: www.adac.de

Irland im Internet:
www.irland-urlaub.de
www.discovernorthernireland.com
www.ireland.travel.ie

Informationen erteilen die Fremdenverkehrszentralen:

Deutschland
Irische Fremdenverkehrszentrale,
Untermainanlage 7, 60329 Frankfurt/

Main, Tel. 0 69/92 31 85 50, Fax
92 31 85 88

**Nordirische Zentrale für
Fremdenverkehr,** Westendstr. 16–22,
60325 Frankfurt/Main,
Tel. 0 69/23 45 04, Fax 23 34 80

Österreich
Irische Fremdenverkehrszentrale,
Libellenweg 1, 1140 Wien,
Tel. 01/9 14 18 54, Fax 9 11 37 65

Schweiz
Irland Information-Callcenter,
Tel. 01/2 10 41 53, Fax 4 92 14 75

---

*Die folgenden Angaben gelten für die
Republik Irland und – wenn nicht anders
angegeben – auch für Nordirland.*

Allgemeine Informationen

Reisedokumente

Besucher aus Deutschland, Österreich
und der Schweiz benötigen einen *Reisepass* oder *Personalausweis.* Kinder unter
16 Jahren einen Kinderausweis oder Eintrag im Elternpass. Diese Bestimmungen
gelten für Aufenthalte von höchstens drei
Monaten.

Kfz-Papiere

Es genügen der *nationale Führerschein*
und *Fahrzeugschein,* die Mitnahme der
Internationalen Grünen Versicherungskarte sowie der Abschluss einer *Kurzkasko-* und *Insassenunfallversicherung*
wird empfohlen.

◁ *Irische Besonderheiten, an welchen der
Besucher seine Freude haben wird:
Nachmittage bei Tee und Keksen, Gastlichkeit im Familienkreis, Guinness und Meeresfrüchte, Kunsthandwerk und Straßenprediger in Belfast, Traditionen und Alltag –
und die Gelassenheit der Iren: »Als Gott die
Zeit erschuf, erschuf er viel davon«*

Krankenversicherung

Man sollte sich vor Reiseantritt unbedingt *Auslandskrankenscheine* von der
Krankenkasse ausstellen lassen und zusätzlich eine *Auslandsreisekrankenversicherung* abschließen.

Zollbestimmungen

Reisebedarf für den persönlichen Gebrauch darf abgabefrei eingeführt werden. Richtmengen: 800 Zigaretten, 400
Zigarillos, 200 Zigarren, 1 kg Tabak, 10 l
Spirituosen, 20 l Zwischenerzeugnisse,
90 l Wein (davon max. 60 l Schaumwein), 110 l Bier. Die Einfuhr von
Fleisch, Milchprodukten und Gemüse ist
verboten.

Geld

Ab dem 1. Januar 2002 wird in der *Republik Irland* das Irische Pfund durch den
Euro abgelöst.

Die Währung in *Nordirland* bleibt das
britische Pfund Sterling, es gibt daneben
auch nordirische Noten und Münzen, deren Wert dem der englischen im Verhältnis 1:1 entspricht.

Die gängigen *Kreditkarten* werden in
Banken, Hotels und zahlreichen Geschäften akzeptiert, *Eurocheques* hingegen kaum noch, am 1. Januar 2002 läuft
die Scheckgarantie aus. An zahlreichen
EC-Geldautomaten kann man rund um

125

Allgemeine Informationen – Anreise

Aktuell A bis Z

die Uhr Geld abheben. Auch mit der *Postbank SparCard 3000 plus* erhält man an VISA-PLUS-Automaten rund um die Uhr Geld.

Tourismusämter

Republik Irland

Bord Fáilte – Irish Tourist Board, Baggot Street Bridge, Dublin 2, Tel. 01/6 02 40 00

Northern Ireland Tourist Board, 16 Nassau St., Dublin 2, Tel. 01/6 79 19 77

In Nordirland

Bord Fáilte – Irish Tourist Board, 44 Foyle Street, Londonderry BT486AT, Tel. 0 28/71 36 95 01

Belfast Welcome Centre, 47 Donegal Place, Belfast, Tel. 0 28/90 24 66 09

Notrufnummern

Polizei, Krankenwagen, Feuerwehr: Tel. 9 99 (gebührenfrei)

ADAC-Notrufzentrale München: Tel. 00 49/89/22 22 22 (rund um die Uhr)

ADAC-Ambulanzdienst München: Tel. 00 49/89/76 76 76 (rund um die Uhr)

Pannendienst des Automobile Association (AA): Tel. 18 00/66 77 88 (rund um die Uhr)

Beim Verlust der Reisepapiere wendet man sich zuerst an die örtlichen Polizeidienststellen, dann an die:

Diplomatische Vertretungen

Deutsche Botschaft, 31 Trimleston Avenue, Booterstown, Blackrock/Co., Dublin, Tel. 01/2 69 30 11, 2 69 31 23 und 2 69 37 72, Fax 2 69 39 46

Österreichische Botschaft, 93 Ailesbury Road, Dublin 4, Tel. 01/2 69 45 77, 2 69 14 51, Fax 2 83 08 60

Schweizer Botschaft, 6 Ailesbury Road, Dublin 4, Tel. 01/2 18 63 82, 2 18 63 83, Fax 2 83 03 44

Besondere Verkehrsbestimmungen

Irland hat **Linksverkehr**. Dennoch hat, sofern eine Kreuzung nicht anders beschildert ist, stets der von rechts Kommende Vorfahrt. Ortsnamen erscheinen auf Verkehrszeichen zweimal: In Englisch und in Gälisch. Entfernungen sind auf neueren Hinweistafeln in Kilometern, auf älteren in Meilen angegeben. Ist keine Maßeinheit hinzugefügt, handelt es sich um eine Entfernungsangabe in Meilen.

Tempolimits (in km/h): Für Pkw, Motorräder und Wohnmobile innerorts 48, außerorts 96, auf Schnellstraßen und auf Autobahnen 112. Pkw mit Anhänger generell 80.

Wohnmobile und Anhänger sind bis zu 2,5 m Breite erlaubt. Zulässige Längen: Wohnmobile 8 m, einachsige Anhänger 6,5 m (Gespanne 14 m), zweiachsige Anhänger 8 m (Gespanne 15,5 m).

Die **Straßenbahn** hat stets Vorfahrt. **Privates Abschleppen** auf der Autobahn ist verboten. **Parkverbot** besteht an schwarz-gelb markierten Bordsteinen und auf Straßen mit dem Schild ›No Waiting‹. Die **Promillegrenze** liegt bei 0,8.

Zeit

Der Zeitunterschied zum Kontinent beträgt MEZ minus 1 Std., auch während der europäischen Sommerzeit.

Anreise

Auto und Fähre

Umfangreiches **Informations-** und **Kartenmaterial** erhalten Mitglieder des ADAC kostenlos nach Vorbestellung unter Tel. 0 18 05/10 11 12 (24 Pf./Min.). Außerdem ist im ADAC Verlag die Länderkarte *Irland* (1 : 350 000) erschienen.

Direktfähren vom Kontinent nach Irland kann man bei *Irish Ferries* (Cherbourg/Roscoff – Rosslare) und *Brittany Ferries* (Roscoff – Cork) buchen. **Landbridge-Verbindungen** (Kontinent – Großbritannien – Irland) gibt es bei *P&O North Sea Ferries* (Rotterdam/Zeebrügge – Hull), *P&O Stena Line* (Calais – Dover, Le Havre/Cherbourg – Portsmouth, Pembroke – Rosslare, Holyhead – Dublin), *Irish Ferries* (Pembroke – Rosslare, Holyhead – Dublin) und *Stena Line* (Hoek von Holland – Harwich, Calais – Dover, Fishguard – Rosslare, Holyhead – Dun Laoghaire und Stranraer – Belfast).

Fähren im Internet:

www.stenaline.de
www.brittany-ferries.com
www.irishferries.ie
www.ponsf.com

Anreise – Bank, Post, Telefon – Einkaufen – Essen und Trinken

Bahn

Es bestehen u. a. tägliche Verbindungen zwischen Frankfurt und London (Victoria Station) und von London (Euston Station) weiter nach Holyhead, wo die Fähre nach Dublin ablegt. Darüber hinaus verbindet der *Euro-Tunnel* (Info- und Buchungsservice, Tel. 01 80/5 00 02 48, Internet: www.eurotunnel.co.uk) das Festland mit Großbritannien. ›Le Shuttle‹, eine Eisenbahn, die Autos und Passagiere befördert, verkehrt alle 20 Minuten, zu Hauptreisezeiten alle 15 Minuten zwischen Calais und Folkstone (Fahrzeit etwa eine halbe Stunde). Info: **Deutsche Bahn**, Tel. 0 18 05/99 66 33, Internet: www.bahn.de

Bus

Firmen wie Deutsche Touring fahren bis zu achtmal täglich von verschiedenen deutschen Städten aus nach London und weiter nach Irland. Info und Reservierung: **Deutsche Touring**, Am Römerhof 17, 60486 Frankfurt/Main, Tel. 069/79 03 50, Fax 7 90 32 19, Internet: www.deutsche-touring.com

Flugzeug

Lufthansa fliegt mehrmals wöchentlich von Berlin, Frankfurt, Hamburg, Köln, München und Stuttgart nach Dublin; *Aer Lingus* verkehrt zwischen Dublin und Düsseldorf, Frankfurt, München und Zürich. Von Deutschland, Österreich und der Schweiz aus bestehen zudem Charterverbindungen. Von London Heathrow gibt es tgl. etwa 20 Verbindungen nach Belfast. *KLM* startet von Amsterdam aus nach Belfast.

Bank, Post, Telefon

Bank

Banken sind Mo–Fr 10–16 Uhr geöffnet, in Dublin außerdem Do 10–17 Uhr.

Post

An Werktagen sind die Schalter der Postämter 9–17.30 Uhr geöffnet.

Telefon

Internationale Vorwahlen:

Republik Irland 00 3 53
Nordirland 00 44
Deutschland 00 49

Auf den Wochenmärkten – wie hier in Galway – werden auch Textilien verkauft

Österreich 00 43
Schweiz 00 41
Es folgt die Ortsvorwahl ohne die Null.

In Irland gibt es Münz- und Kartentelefone. Die Karten (›Phonecards‹) sind in Postämtern und Zeitungsläden erhältlich. In den Telefonzellen kann man sich auch anrufen lassen.

Einkaufen

Die klassischen Mitbringsel aus Irland sind Pullover, die sog. *Aran Sweaters* aus Schafwolle, Anzüge und Jacken aus Tweed, sowie gewebte Schals etc. All das wird vorwiegend in den *Craft Shops*, den Kunstgewerbeläden, angeboten.

Diese Läden führen auch das berühmte *Waterford Glass*, Töpferwaren und Gold- und Silberschmuck von oft erstaunlicher Originalität und Qualität und vieles andere mehr. In Kilkenny, Donegal, Derry und anderen Orten gibt es sogar große – und dank der vielen Hinweisschilder nicht zu übersehende – *Craft Villages* mit riesiger Auswahl.

Essen und Trinken

Irland hat keine Küche, die mit derjenigen Frankreichs oder Italiens vergleichbar wäre. *Fish ' n Chips* sowie Hamburger sind ausgesprochen populär und überall in Fast-Food-Restaurants erhältlich. Hin-

Essen und Trinken – Feste und Feiern

Pubs sind ein wesentlicher Bestandteil irischer Alltagskultur

Pubs – Wohnstuben der Iren

Wichtig für den ausländischen Gast ist es, zu wissen, dass die Einheimischen im Pub nie nur das eigene Getränk bezahlen, sondern dass das **Round system** *vorherrscht: Wer ebenfalls eine Runde ausgeben und an der nächsten dann seinerseits teilhaben will, wird ohne Probleme Anschluss finden. Trotz der Lockerheit, mit der dieses System gehandhabt wird, achten Iren unter sich darauf, dass jeder in etwa gleich viel ausgibt. Es gilt als unhöflich, bei der Einladung eines anderen einen doppelten Whiskey zu bestellen, während man ein kleines Glas Bier trinkt, wenn man selbst bezahlt.*
Die **Öffnungszeiten** *sind in den letzten Jahrzehnten erweitert worden. Üblicherweise schließen die Pubs So–Mi um 23.30, Do–Sa um 0.30 Uhr.*

zu kommen zahlreiche *Coffee Shops*, die Quiche, Pizza und andere beliebte Klassiker aus mediterranen Ländern anbieten. So gut wie jede Kleinstadt hat internationale Küche zu bieten, allen voran italienische, chinesische und indische. In diesen ethnischen Restaurants sowie auch an den zu Hotels gehörenden Tafeln kann man außerordentlich gut, wenn auch nicht ganz billig speisen. Vor allem in den Städten bieten viele Pubs auch Imbisse an, die *Pub-Grubs*: Diese Mahlzeit aus Salaten, Sandwiches oder Suppen kann man auch am Tresen verzehren. Das gelegentlich als Nationalgericht bezeichnete *Irish Stew* (Hammelfleischeintopf) ist nur selten auf den Speisekarten zu finden; es gilt eher als Arme-Leute-Essen und wird, wenn überhaupt, meist zu Hause zubereitet. Eine wirkliche irische Spezialität ist der geräucherte Lachs, den man – vakuumverpackt – auch gut mit nach Hause nehmen kann.

Trinkgeld

In Restaurants und Hotels wird der Trinkgeldbetrag häufig mit auf die Rechnung gesetzt (*Service charge* oder *Service included*). Ansonsten ist es üblich, 10–15 % des Rechnungsbetrages zu geben. Barkeeper in Pubs und Bars bekommen kein Trinkgeld. Taxifahrer dagegen erhalten ca. 10 % des Fahrpreises.

Feste und Feiern

Auf der *gesamten irischen Insel* geltende Feiertage sind 1. Januar (Neujahr), Karfreitag, Ostermontag, 25. Dezember (Weihnachten), 26. Dezember (St. Stephen's Day).

Nur in der *Republik Irland* geltende Fest- und Feiertage sind 17. März (St. Patrick's Day), 1. Mai (Maifeiertag), erster Montag im Juni (Juni-Feiertag), erster Mon-

Feste und Feiern – Klima und Reisezeit – Kultur live

tag im August (August-Feiertag), letzter Montag im Oktober (Oktober-Feiertag).

Nur in *Nordirland* geltende Fest- und Feiertage sind erster Montag im Mai (Mai-Feiertag), 12. Juli oder folgender Werktag (Jahrestag der Schlacht an der Boyne), letzter Montag im August (August-Feiertag).

Klima und Reisezeit

Das Wetter ist in Irland ein stets aktuelles Thema. Die Feststellungen ›Bad day today‹ oder ›Lovely day today‹ sind eine Art Begrüßungsformel. Die Temperaturen allerdings unterliegen dank des Golfstroms relativ geringfügigen Schwankungen: Im Winter sinken sie nur selten und nie für lange Zeit unter den Gefrierpunkt, im Sommer steigen sie kaum je über 25 °C. Wärmere Kleidung ist in Irland daher zu jeder Jahreszeit empfehlenswert. Beinahe legendär ist der *irische Regen,* der mit Sicherheit häufig, oft aber nur heftig und kurz vom Himmel fällt. Einen Regenschutz sollte man daher stets im Reisegepäck haben.

Trockenste Gegend des Landes ist der Südosten, regenreichste der Westen und Nordwesten. Die beste **Reisezeit** ist von Mitte Juni bis Ende August, da in diesen Monaten mit den wenigsten Niederschlägen zu rechnen ist.

Klimadaten Dublin

Monat	Luft (°C) min./max.	Wasser (C°)	Sonnen- std./Tag	Regen- tage
Januar	2/ 8	9	2	17
Februar	2/ 8	8	3	13
März	3/11	7	3	13
April	4/13	8	5	11
Mai	6/16	9	7	12
Juni	9/18	11	6	11
Juli	11/19	13	5	12
August	12/19	14	5	13
September	9/17	14	4	13
Oktober	7/14	13	3	15
November	4/10	12	2	15
Dezember	3/ 8	10	2	16

Kultur live

In Irland werden alljährlich zahlreiche Festivals zu den verschiedensten Themen veranstaltet. Tourismusbüros händigen entsprechende Veranstaltungskalender aus. Besonders viele Festivals finden im Westen Irlands statt.

März
Dublin: *St. Patrick's Festival.* Das 4-Tage-Spektakel erfreut Herz und Seele mit Straßentheater, Feuerwerk, Karneval und Marschmusik.

Limerick: *McDonalds Limerick International Marching Bands Parade.* Entlang der O'Connell Street spielen Bands aus Amerika, Großbritannien, Irland und Osteuropa. Auch traditionelle Dudelsackmusik ist geboten.

Mai
Galway: *Early Music Festival.* Musik, Tanz und Kostüme aus dem 12.–17. Jh., aufgeführt von nationalen und internationalen Musikern.

Kilkenny: *Kilkenny Roots Festival.* Alljährlich wird hier irische und internationale Country Music gespielt.

Juli
Galway: *Galway Arts Festival* und *Galway Race Week.* Beides sind Anlässe, zu denen die Stadt überläuft vor Lebensfreude und Besuchermassen. In keinem Fall beschränken sich die Aktivitäten auf Kunst oder Pferderennen, es wird vielmehr jedes Mal ein breites Rahmenprogramm mit diversen Veranstaltungen geboten.

Ballina: *Salmon Festival.* Eine Woche lang ist die Stadt voller Verkaufsstände, traditioneller Kostüme und Musikgruppen – und Anglern, die von ihren gigantischen Fängen berichten.

August
Tralee: *Rose of Tralee Festival.* Ein Schönheitswettbewerb, der alljährlich ausgetragen wird. An der Konkurrenz teilnehmen dürfen Frauen aus der ganzen Welt – vorausgesetzt, sie haben irische Vorfahren.

Clifden: *Connemara Pony Show.* Die Connemara Ponys sind kleinwüchsige Pferde, die im Westen Irlands gezüchtet werden. Die Rasse kam durch eine Kreuzung der von den Kelten eingeführten Ponys mit spanischen Pferden zustande. Auch für Besucher ohne tiefes Interesse an Pferden ist das Treiben bei der Versteigerung der Ponys ein Erlebnis.

Kilkenny: *Kilkenny Arts Festival.* Kunst-, Musik-, Theater- und Literaturfestival mit vielen Outdoor-Events auf den Straßen der Stadt.

Kultur live – Sport

Der Golfsport erfreut sich in Irland seit Jahren großer Beliebtheit

September
Galway: *International Oyster Festival.* Hier werden nicht nur Austern verspeist, sondern auch verschiedene Veranstaltungen darum herum genossen.

Sport

Angeln

Verschiedene Regionen Irlands, insbesondere der Nordwesten, gelten als wahre Anglerparadiese. Sowohl Flüsse als auch Seen und das offene Meer besitzen ein breites Spektrum an angelbaren Fischen. Eine ganze Reihe von Veranstaltern organisiert spezielle *Angelferien*. Individualreisende müssen sich für das Angeln auf Lachse und Forellen Lizenzen besorgen. Informationen enthält die Broschüre ›Angeling in Ireland‹, die von der irischen Fremdenverkehrszentrale angefordert werden kann.

Golf

Eine unter Irlandbesuchern immer populärer werdende Sportart ist das Golfspielen. Vor allem die im Vergleich zu anderen Ländern sehr ungezwungene Atmosphäre auf den fast 300 irischen Golfplätzen wird von den Gästen geschätzt. Beim irischen Fremdenverkehrsamt sowie in den Touristeninformationsbüros der jeweiligen Regionen ist ein alljährlich in mehreren Sprachen erscheinender *Golfers Guide* erhältlich, dem alles Wissenswerte entnommen werden kann.

Reiten

Auch Reiturlaubern – Anfängern wie Fortgeschrittenen – eröffnet Irland mannigfaltige Möglichkeiten. Vor allem in Connemara und in der Grafschaft Kerry bieten zahlreiche Veranstalter Kurse und Pony Trekking Touren an. Auskunft gibt *Equestrian Holidays Ireland*, P.O.-Box 590, Limerick. Internet: www.ehi.ie sowie die irische Fremdenverkehrszentrale.

Segeln

Die Gewässer rund um Irland sind bei Seglern sehr beliebt, manche, besonders entlang der Nordküste, erfordern jedoch einige Erfahrung. Flauten sind außerordentlich selten. Segelschulen führen Kurse für Anfänger und Fortgeschrittene durch, die vom *Deutschen Seglerverband* anerkannt werden.

Wandern

In Irland gibt es ein System von Wanderwegen, die zusammengenommen eine Länge von über 1800 km haben. Sie führen durch landschaftlich ganz unterschiedliche Regionen, sind allerdings nicht immer gut ausgeschildert. Weniger begangene Wege sind z. T. in schlechtem Zustand. Es empfiehlt sich die Mitnahme einer Routenbeschreibung, wie z. B. die Broschüre ›Walking Ireland‹, die vom Irish Tourist Board herausgegeben wird.

Sport – Statistik – Unterkunft

Wassersport

Ob Wasserskifahren, Tauchen, Rudern, Windsurfen oder Wellenreiten – Irland bietet eine Vielzahl von Möglichkeiten. Immer beliebter wird der Kanusport, da mit den schmalen Booten auch kleine Flüsse zu erkunden sind. Informationen über befahrbare Wasserwege können bei der Irischen Fremdenverkehrszentrale bezogen werden.

Statistik

Lage: Die Insel Irland liegt westlich von Großbritannien und erstreckt sich über eine Fläche von insgesamt 84 116 km². Davon nimmt die Irische Republik 70 273 km², Nordirland 13 843 km² ein. Die größte Länge von Nord nach Süd beträgt 486 km, die größte Breite von Ost nach West 275 km.

Bevölkerung: Einer Schätzung von 1996 zufolge leben rund 3,6 Mio. Menschen in der Irischen Republik und etwa 1,6 Mio. in Nordirland. Mehr als 40 % der Bevölkerung sind nicht älter als 25 Jahre, etwa 25 % sind jünger als 15 Jahre.

Verwaltung: Die Irische Republik ist eine Parlamentarische Demokratie mit Regierungssitz in Dublin. Nordirland untersteht der Amtsgewalt Großbritanniens und wird von London aus regiert. Insgesamt teilt sich die Insel in 32 Counties, wovon 6 Grafschaften zu Nordirland gehören.

Wirtschaft: Irland hat in den 90er-Jahren des 20. Jh. einen gewaltigen wirtschaftlichen Aufschwung erlebt. Die jährlichen Zuwachsraten des Bruttoinlandsprodukts lagen in der Regel zwischen 6 und 8 %. Da große amerikanische Elektronik- und Software-Firmen ihre europäischen Hauptsitze in die Wirtschaftsregion Dublin verlegten, sank die lange Zeit hohe Arbeitslosenquote im Landesdurchschnitt auf 5,8 % (1999); 1997 lag sie noch bei 10,2 %. Auch der Tourismus, der stark steigende Besucherzahlen verbucht (über 6 Mio. 1999), und das International Financial Service Center haben zur erfolgreichen Konjunktur beigetragen. Eine bedeutende Rolle spielt auch die Landwirtschaft, deren Schwerpunkte Viehzucht und die Herstellung von Milcherzeugnissen sind.

Unterkunft

Die Palette an Unterkunftsmöglichkeiten in Irland ist groß, der Hotelstandard durchweg hoch. In der Hauptsaison (Juni – Aug.) empfiehlt es sich, bereits vor der Abreise, wenigstens aber am Vortag zu buchen. Reservierungen können bei *Resireland* im Internet: www.resireland.com oder unter Tel. 00 800/66 86 68 66 (gebührenfrei) vorgenommen werden.

Bed & Breakfast

Die privat betriebenen, aber ebenfalls vom Irish Tourist Board überwachten Bed & Breakfast-Unterkünfte gibt es praktisch überall. Sie sind vor allem für Gäste geeignet, die preiswert und ohne größere Vorplanung reisen wollen. Informationen erteilt die *Town and Country Homes Association*, Belleek Road, Ballyshannon, Co. Donegal, Tel. 0 72/2 22 22, Fax 2 22 07, Internet: www.townandcountry.ie

Camping

Es gibt 137 von der Tourismusbehörde anerkannte, durchweg gut ausgestattete Camping- und Wohnwagenplätze. In der Hauptsaison ist eine Voranmeldung auf jeden Fall ratsam. Wildes Zelten ist in Irland verboten. Empfehlenswert ist die Mitnahme der *Camping Card International* (CCI), die mitunter als Grundlage für Preisreduzierungen dient. Sie gilt ein Jahr und kann bei den ADAC-Geschäftsstellen beantragt werden. Der jährlich erscheinende **ADAC-Camping-Caravaning-Führer** (mit CD-ROM) verzeichnet eine Auswahl geprüfter Plätze.

Farmhäuser

Die teils modernen, teils georgianischen und mit Originalmöbeln ausgestatteten Höfe sind überwiegend auf die Unterbringung von Familien spezialisiert. Auskünfte erteilt die *Irish Farm Holiday Association*, 2 Michael Street, Limerick, Tel. 0 61/40 07 00, Fax 40 07 71, Internet: www.irishfarmholidays.com

Ferienhäuser und Ferienwohnungen

Die *Irish Cottages* stehen meist gruppenweise in reizvollen Gegenden und bieten je 5 – 8 Personen Platz. Sie sind nur wochenweise zu mieten, bieten aber

Unterkunft

Für Leute, die sich etwas besonderes gönnen wollen: Schlosshotels wie das Ardare Manor in der Grafschaft Limerick bieten höchste Exklusivität

eine kostengünstige Alternative für Familien. Eine frühzeitige Buchung ist unbedingt empfehlenswert. Infomaterial kann bei der *Irish Cottages and Holiday Homes Association*, 4 Whitefriars, Aungier Street, Dublin 2, Tel. 01/4 75 19 32, Fax 4 75 53 21, Internet: www.irishcottageholidays.com angefordert werden. Informationen zu Nordirland bietet der *National Trust*, 36 Queen Anne's Gate, London SW1H9AS, Tel. 020/72 22 92 51, Fax 72 22 50 97, Internet: www.nationaltrust.org.uk/cottages

Hotels

Die Zahl der irischen Hotels ist in den vergangenen Jahren stark gestiegen. Die Irische Fremdenverkehrszentrale hat sie in Kategorien von 1–5 Sternen eingeteilt. Eine Vielzahl von Hotelgruppen unterhält Häuser in sämtlichen Landesteilen. Die Preise rangieren zwischen € 380 pro Person für eine Übernachtung mit Frühstück im 5-Sterne-Hotel und € 55 für dieselbe Leistung in einem sehr einfachen Hotel. Genauere Auskünfte erteilen Reisebüros und die Irische Fremdenverkehrszentrale. Den höchsten Standard bieten die prachtvollen **Schlosshotels** und **Herrenhäuser**. Informationen bietet die Agentur *Elegant Ireland*, 15 Harcourt St., Dublin 2, Tel. 01/4 75 16 65, Fax 4 75 10 12, Internet: www.elegant.ie

Jugendherbergen und Hostels

Es gibt 34 **Jugendherbergen**, die zum Teil ganzjährig geöffnet sind. Voraussetzung für die Aufnahme ist ein internationaler Jugendherbergsausweis; eine Altersbegrenzung besteht nicht. Vorbestellung ist erforderlich. Broschüren mit einem Verzeichnis der Unterkunftsmöglichkeiten gibt es bei der *An Oige – Irish Youth Hostel Association*, 61 Mountjoy Street, Dublin 7, Tel. 01/8 30 45 55, Fax 8 30 58 08, Internet: www.irelandyha.org. Für Nordirland wende man sich an die *Youth Hostel Association*, 22 Donegall Road, Belfast BT12 5JN, Tel. 028/90 32 47 33, Fax 90 43 96 99, Internet: www.hini.org.uk

Neben den konventionellen Jugendherbergen gibt es eine große Anzahl an unabhängigen **Hostels**, für die kein Ausweis nötig ist. Auch hier ist während der Saison eine Vorbestellung zu empfehlen. Informationen sind erhältlich bei der Dachorganisation *Independent Holiday Hostels*, 57 Lower Gardiner Street, Dublin 1; Tel. 01/8 36 47 00, Fax 8 36 47 10, Internet: www.hostels-ireland.com

Pensionen

Die *Guesthouses* sind kleiner als Hotels und sind mit 1–4 Sternen kategorisiert. Sie bieten in der Regel Zimmer ›en sui-

Unterkunft – Verkehrsmittel im Land

te‹, d. h. mit Bad und WC. Die Preise liegen zumeist merklich unter dem üblichen Hotelniveau. Auskünfte sind erhältlich bei der *Irish Hotels Federation*, 13 Northbrook Road, Dublin 6, Tel. 01/4976459, Fax 4974613, Internet: www.ihf.ie

Verkehrsmittel im Land

Bahn

Nicht überall in Irland existiert ein dichtes öffentliches Verkehrsnetz. Dublin ist mit anderen größeren Städten Irlands durch Eisenbahnlinien verbunden. Engmaschiger allerdings ist das Linienbusnetz, Busfahrten sind außerdem günstiger.

Urlauber haben jedoch die Möglichkeit, das verbilligte **Irish Explorer Ticket** der Bahn zu benutzen. Auskunft und Fahrkartenverkauf bei: CIE Tours International GmbH, Worringer Str. 5, 40211 Düsseldorf, Tel. 0211/84386, Fax 324426, Internet: www.cietours.de. Das Ticket kann auch in irischen CIE Büros sowie auf allen größeren Bahnhöfen in Irland erworben werden.

Die Mitnahme von *Fahrrädern* in Zügen ist gestattet, es gilt, ein Extra-Ticket zu lösen.

Fahrplaninformationen in Irland erteilt Iarnod Eireann, Tel. 01/8366222, Internet: www.irishrail.ie

Wer auf die modernen Verkehrsmittel pfeift, der zuckelt mit dem Pferdewagen durch Irland

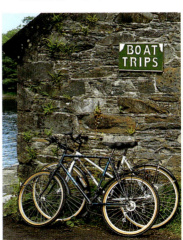

Wenig befahrene Nebenstrecken laden zum Radwandern ein

Von der Republik Irland nach Nordirland

Sechsmal tgl. (So dreimal) fahren Züge von der Connolly Street Station in Dublin nach Belfast. Reisedauer: 2 Stunden.

In Nordirland

Das **Freedom of Northern Ireland Ticket**, ein 7-Tage-Ticket für unbegrenzte Fahrten mit allen fahrplanmäßig verkehrenden Zügen in Nordirland (April–Okt.) ist erhältlich bei: Belfast Central Rail Station, East Bridge Street, Belfast 1, Tel. 028/90899411

Bus

Auskünfte über Fahrpläne und Preise erteilt das *Bus Eireann Information Bureau*, Central Bus Station, Store Street, Dublin 1, Tel. 01/8366111, oder *Dublin Bus Ticket Office*, 59 O'Connell Street, Dublin 1, Tel. 01/8734222, Internet: www.buseireann.ie. In diesen Büros ist auch die kombinierte Bus- und Bahnkarte erhältlich, die sich **Dublin Explorer Ticket** nennt und vier Tage lang zur Benutzung sämtlicher städtischen Linien innerhalb Dublins berechtigt.

Stadtrundfahrten in Dublin

Das Unternehmen Dublin Bus veranstaltet täglich verschiedene Rundfahrten, die von englischsprachigen Reiseführern begleitet werden. Auskünfte erteilt jede Hotelrezeption oder *Dublin Bus*, Dublin Tourism Centre, Suffolk Street, Dublin 2, Tel. 01/6057700

Verkehrsmittel im Land

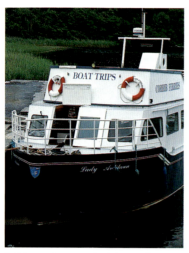

Leicht zu erlernen und erlebnisreich: Bootfahren auf den Wasserwegen Irlands

Von der Republik Irland nach Nordirland
Für den Grenzübertritt sind keine Papiere nötig. Der Dublin–Belfast Schnellbus-Service verkehrt viermal tgl. (So dreimal) und ist etwa 3 Stunden unterwegs. Er hält am Flughafen Dublin.

In Nordirland
Tages- und **Wochentickets** für Touristen zur unbegrenzten Benutzung aller fahrplanmäßig verkehrenden Busse in Nordirland sind bei allen *Ulsterbus*-Stationen erhältlich. Die **Emerald Card**, eine kombinierte Bus- und Bahnkarte, bekommt man bei: *Europa Bus Centre*, Glengall Street, Belfast 1, Tel. 028/90 32 00 11

Kabinenkreuzer

Auf den Flüssen Shannon und Barrow, auf dem Grand Canal und dem Shannon-Erne-Waterway (der auch nach Nordirland führt) kann man Hunderte von Kilometern auf dem selbstgesteuerten Boot zurücklegen. Ein Bootsführerschein ist dafür nicht erforderlich. Als Mindestbesatzung der Boote werden zwei Personen verlangt, der Bootsführer muss mindestens 21 Jahre alt sein. Die Boote sind komplett eingerichtet, ihre Handhabung ist einfach. Buchen kann man die Boote u. a. über die Agentur **Emerald Star**, Carrick-on-Shannon, Co Leitrim, Tel 78/2 02 34, Fax 2 14 33, Internet: www.emeraldstar.ie

Mietwagen

Zahlreiche nationale und internationale Leihwagenfirmen unterhalten in den größeren Städten und auf den internationalen Flughäfen ihre Vertretungen. Als Mindestalter für den Fahrer haben manche Firmen 21, andere 25 Jahre festgesetzt, als Höchstalter gilt 75.

Unter anderem bieten folgende Firmen ihren Service an:
Atlas Car Rentals, Desk 1B Ankunftshalle Flughafen Dublin, Tel. 01/8 44 48 59

Donegal Car Hire, auch Van Rental, Crolly Filling Station, Letterkenny, Co. Donegal, Tel. 0 75/4 84 16

Hertz Rent-a-Car, Ferrybank, Wexford, Tel. 0 53/2 35 11

Murray's Europcar Car Rental, Haddington Road/Baggot Street Bridge, Dublin 4, Tel. 01/6 14 28 88

South County Car Rentals, Rochestown Avenue, Dun Laoghaire, Co. Dublin, Tel. 01/2 35 20 40

Für Mitglieder bietet die **ADAC-Autovermietung GmbH** günstige Bedingungen. Buchungen über die ADAC-Geschäftsstellen oder unter Tel. 0 18 05/31 81 81 (24 Pf./Min.)

Unter folgenden *Zentralreservierungsnummern* nehmen die Autovermieter in Deutschland auch Buchungen für Nordirland entgegen:

Avis, Tel. 01 80/5 55 77 55, Internet: www.avis.de

Sixt rent a car, Tel. 01 80/5 25 25 25, Internet: www.e-sixt.de

Europcar, Tel. 01 80/5 80 00 00, Internet: www.europcar.de

Hertz, Tel. 01 80/5 33 35 35, Internet: www.hertz.de

Grenzüberschreitungen nach Nordirland müssen den Verleihfirmen vorher bekannt gegeben werden.

Wohnmobile

Gut ausgestattete Wohnmobile können sowohl für die Republik Irland als auch für Nordirland unter folgender Adresse angemietet werden: **Motorhome Ireland**, 27 Windmill Road, Saintfield, Co. Down, Tel. 028/97 51 95 19, Internet: www.motorhome-irl.co.uk

Sprachführer

Das Wichtigste in Kürze

Ja / Nein	*Yes / No*
Bitte / Danke	*Please / Thank you*
In Ordnung. / Einverstanden.	*All right. / Agreed.*
Entschuldigung!	*Excuse me!*
Wie bitte?	*Pardon?*
Ich verstehe Sie nicht.	*I don't understand you.*
Ich spreche nur wenig Englisch.	*I only speak a little English.*
Können Sie mir bitte helfen?	*Can you help me, please?*
Das gefällt mir. / Das gefällt mir nicht.	*I like that. / I don't like that.*
Ich möchte ...	*I would like ...*
Haben Sie ...?	*Do you have ...?*
Gibt es ...?	*Is there ...?*
Wie viel kostet ...?/ Wie teuer ist ...?	*How much is ...?*
Kann ich mit Kreditkarte bezahlen?	*Can I pay by credit card?*
Wie viel Uhr ist es?	*What time is it?*
Guten Morgen!	*Good morning!*
Guten Tag!	*Good morning!/ Good afternoon!*
Guten Abend!	*Good evening!*
Gute Nacht!	*Good night!*
Hallo! / Grüß dich!	*Hello!*

Wie ist Ihr Name, bitte?	*What's your name, please?*
Mein Name ist ...	*My name is ...*
Wie geht es Ihnen?	*How are you?*
Auf Wiedersehen!	*Goodbye!*
Tschüs!	*See you!*
Bis bald!	*See you soon!*
Bis morgen!	*See you tomorrow!*
gestern / heute / morgen	*yesterday / today / tomorrow*
am Vormittag / am Nachmittag	*in the morning / in the afternoon*
am Abend / in der Nacht	*in the evening / at night*
um 1 Uhr / 2 Uhr ...	*at one o'clock / at two o'clock ...*
um Viertel vor (nach) ...	*at a quarter to (past) ...*
um ... Uhr 30	*at ... thirty*
Minute(n) / Stunde(n)	*minute(s) / hour(s)*
Tag(e) / Woche(n)	*day(s) / week(s)*
Monat(e) / Jahr(e)	*month(s) / year(s)*

Wochentage

Montag	*Monday*
Dienstag	*Tuesday*
Mittwoch	*Wednesday*
Donnerstag	*Thursday*
Freitag	*Friday*
Samstag	*Saturday*
Sonntag	*Sunday*

Zahlen

0	*zero*	20	*twenty*
1	*one*	21	*twenty-one*
2	*two*	22	*twenty-two*
3	*three*	30	*thirty*
4	*four*	40	*forty*
5	*five*	50	*fifty*
6	*six*	60	*sixty*
7	*seven*	70	*seventy*
8	*eight*	80	*eighty*
9	*nine*	90	*ninety*
10	*ten*	100	*a (one) hundred*
11	*eleven*		
12	*twelve*	200	*two hundred*
13	*thirteen*	1 000	*a (one) thousand*
14	*fourteen*		
15	*fifteen*	2 000	*two thousand*
16	*sixteen*	10 000	*ten thousand*
17	*seventeen*	$1/4$	*a (one) quarter*
18	*eighteen*		
19	*nineteen*	$1/2$	*a (one) half*

Monate

Januar	*January*
Februar	*February*
März	*March*
April	*April*
Mai	*May*
Juni	*June*
Juli	*July*
August	*August*
September	*September*
Oktober	*October*
November	*November*
Dezember	*December*

Maße

Kilometer	*kilometre*
Meter	*metre*
Zentimeter	*centimetre*
Kilogramm	*kilogramme*
Pfund	*pound*

Sprachführer

Gramm	*gramme*
Liter	*litre*

Unterwegs

Nord / Süd / West / Ost	*north / south / west / east*
geöffnet / geschlossen	*open / closed*
geradeaus / links / rechts / zurück	*straight on / left / right / back*
nah / weit	*near / far*
Wie weit ist es?	*How far is it?*
Wo sind die Toiletten?	*Where are the toilets?*
Wo ist die (der) nächste … Telefonzelle / Bank / Post / Polizeistation / Geldautomat?	*Where is the nearest… telephone box / bank / post office / police station / automatic teller?*
Bitte, wo ist … der Hauptbahnhof / der Flughafen?	*Where is… the main train station / the airport, please?*
Wo finde ich … eine Apotheke / eine Bäckerei / Fotoartikel / ein Kaufhaus / ein Lebensmittel-geschäft / den Markt?	*Where can I find… a pharmacy / a bakery / a photo shop / a department store / a food store / the market?*
Ist das der Weg / die Straße nach …?	*Is this the way / the road to …?*
Gibt es einen anderen Weg?	*Is there another way?*
Ich möchte mit … dem (der) Zug / Schiff / Fähre / Flugzeug nach … fahren.	*I would like to go to … by … train / ship / ferry / airplane.*
Gilt dieser Preis für Hin- und Rückfahrt?	*Is this the round trip fare?*
Wie lange gilt das Ticket?	*How long will the ticket be valid?*
Wo ist das Fremden-verkehrsamt / ein Reisebüro?	*Where is the travel info / a travel agency?*
Ich benötige eine Hotelunterkunft.	*I need hotel accommodation.*
Wo kann ich mein Gepäck lassen?	*Where can I leave my luggage?*
Ich habe meinen Koffer verloren.	*I lost my suitcase.*

Zoll und Polizei

Ich habe etwas (nichts) zu verzollen.	*I have something (nothing) to declare.*
Nur persönliche Dinge.	*Only personal belongings.*

Hier ist die Kauf-bescheinigung.	*Here is the receipt.*
Hier ist mein(e) … Geld / Pass / Personalausweis / Kfz-Schein / Versicherungskarte.	*Here is my … money / passport / ID card / certificate of registration / car insurance card.*
Ich fahre nach … und bleibe … Tage / Wochen.	*I'm going to … to stay there for … days / weeks.*
Ich möchte eine Anzeige erstatten.	*I would like to report an incident.*
Man hat mein(e, en)… Geld / Tasche / Papiere / Schlüssel / Fotoapparat / Koffer / Fahrrad gestohlen.	*They stole my … money / bag / papers / keys / camera / suitcase / bicycle.*
Verständigen Sie bitte das Deutsche Konsulat.	*Please contact the German consulate.*

Freizeit

Ich möchte ein … Fahrrad / Mountainbike / Motorrad / Surfbrett / Boot / Pferd / einen Pferdwagen mieten.	*I would like to rent a … bicycle / mountain bike / motorcycle / surf board / boat / horse / horse drawn caravan.*
Gibt es … einen Freizeitpark / ein Freibad / einen Golfplatz / einen Strand in der Nähe?	*Is there … a theme park / an outdoor swim-ming pool / a golf course / a beach in the area?*
Wann hat … das Museum / die Kirche geöffnet?	*What are the opening hours of the … museum / church?*

Bank, Post, Telefon

Ich möchte Geld wechseln.	*I would like to change money.*
Brauchen Sie meinen Pass?	*Do you need my passport?*
Wo soll ich unter-schreiben?	*Where should I sign?*
Ich möchte eine Telefonverbindung nach …	*I would like to have a telephone connection with …*
Wie lautet die Vorwahl für …?	*What is the area code for …?*
Wo gibt es … Münzen für den Fernsprecher / Telefonkarten / Briefmarken?	*Where can I get … coins for the telephone / phone cards / stamps?*

136

Tankstelle

Wo ist die nächste Tankstelle?	*Where is the nearest petrol station?*
Ich möchte …	*I would like …*
Liter …	*litres of …*
Super / Diesel / bleifrei.	*star / diesel / unleaded.*
Volltanken, bitte.	*Fill it up, please.*
Bitte, prüfen Sie …	*Please check …*
den Reifendruck /	*the tire pressure /*
den Ölstand /	*the oil level /*
den Wasserstand /	*the water level /*
das Wasser für die Scheibenwisch-anlage /	*the water in the windscreen wiper system /*
die Batterie.	*the battery.*
Würden Sie bitte …	*Would you please …*
den Ölwechsel /	*change the oil /*
den Radwechsel vornehmen /	*change the tires /*
die Sicherung austauschen /	*change the fuse /*
die Zündkerzen erneuern /	*replace the spark plugs /*
die Zündung nachstellen?	*adjust the ignition?*

Panne

Ich habe eine Panne.	*My car's broken down.*
Der Motor startet nicht.	*The engine won't start.*
Ich habe die Schlüssel im Wagen gelassen.	*I left the keys in the car.*
Ich habe kein Benzin / Diesel.	*I've run out of petrol / diesel.*
Gibt es hier in der Nähe eine Werkstatt?	*Is there a garage nearby?*
Können Sie mein Auto abschleppen?	*Could you tow my car?*
Können Sie mir einen Abschleppwagen schicken?	*Could you send a tow truck?*
Können Sie den Wagen reparieren?	*Could you repair my car?*
Bis wann?	*By when?*

Mietwagen

Ich möchte ein Auto mieten.	*I would like to rent a car.*
Was kostet die Miete …	*How much is the rent …*
pro Tag /	*per day /*
pro Woche /	*per week /*
mit unbegrenzter km-Zahl /	*including unlimited kilometre /*
mit Kasko-versicherung /	*including compre-hensive insurance /*
mit Kaution?	*with deposit?*

Wo kann ich den Wagen zurückgeben?	*Where can I return the car?*

Unfall

Hilfe!	*Help!*
Achtung! / Vorsicht!	*Attention! / Caution!*
Rufen Sie bitte schnell …	*This is an emergency, please call …*
einen Krankenwagen /	*an ambulance /*
die Polizei /	*the police /*
die Feuerwehr.	*the fire department.*
Es war (nicht) meine Schuld.	*It was (not) my fault.*
Geben Sie mir bitte Ihren Namen und Ihre Adresse.	*Please give me your name and address.*
Ich brauche die Angaben zu Ihrer Autoversicherung.	*I need the details of your car insurance.*

Krankheit

Können Sie mir bitte einen guten Deutsch sprechenden Arzt / Zahnarzt empfehlen?	*Could you please recommend a good German-speaking doctor / dentist?*
Wann hat er Sprech-stunde?	*What are his office hours?*
Wo ist die nächste Apotheke?	*Where is the nearest pharmacy?*
Ich brauche ein Mittel gegen …	*I need medication for …*
Durchfall /	*diarrhoea /*
Halsschmerzen /	*a sore throat /*
Fieber /	*fever /*
Insektenstiche /	*insect bites /*
Verstopfung /	*constipation /*
Zahnschmerzen.	*toothache.*

Im Hotel

Können Sie mir bitte ein Hotel / eine Pension empfehlen?	*Could you please recommend a hotel / Bed & Breakfast?*
Ich habe bei Ihnen ein Zimmer reserviert.	*I booked a room with you.*
Haben Sie …	*Do you have …*
ein Einzelzimmer /	*a single room /*
ein Doppelzimmer …	*a double room …*
mit Dusche /	*with shower /*
mit Bad /	*with bathroom /*
für eine Nacht /	*for a night /*
für eine Woche?	*for a week?*
Was kostet das Zimmer mit Frühstück /	*How much is the room with breakfast /*
mit Halbpension?	*with two meals?*

Sprachführer

137

Sprachführer

Wie lange gibt es Frühstück?	How long will breakfast be served?
Ich möchte um ... geweckt werden.	Please wake me up at ...
Wie ist hier die Stromspannung?	What is the power voltage here?
Ich reise heute Abend / morgen früh ab.	I will depart tonight / tomorrow morning.
Haben Sie ein Faxgerät / einen Hotelsafe?	Do you have a fax machine / a hotel safe?
Nehmen Sie Kreditkarten an?	Do you accept credit cards?

Im Restaurant

Wo gibt es ein gutes / günstiges Restaurant?	Where is a good / inexpensive restaurant?
Die Speisekarte / Getränkekarte, bitte.	The menu / the wine list, please.
Welches Gericht können Sie besonders empfehlen?	Which of the dishes can you recommend?
Ich möchte das Tagesgericht / das Menü (zu ...).	I would like the dish of the day / the menu (at ...).
Ich möchte nur eine Kleinigkeit essen.	I only want a snack.
Gibt es vegetarische Gerichte?	Are there vegetarian dishes?
Haben Sie offenen Wein?	Do you serve wine by the glass?
Welche alkoholfreien Getränke haben Sie?	What soft drinks do you have?
Haben Sie Mineralwasser mit / ohne Kohlensäure?	Do you have carbonated water / non-carbonated water?
Das Steak bitte ... englisch / medium / durchgebraten.	The steak ... rare / medium / well-done, please.
Kann ich bitte ... ein Messer / eine Gabel / einen Löffel haben?	May I have ... a knife / a fork / a spoon?
Darf man rauchen?	Is smoking allowed?
Rechnung / Bezahlen, bitte.	The bill, please.

Essen und Trinken

Ananas	pineapple
Austern	oysters
Bier	beer
Birnen	pears
Bratkartoffeln	fried potatoes
Brot / Brötchen	bread / rolls
Butter	butter
Eier mit Speck	bacon and eggs
Eiscreme	ice-cream
Erbsen	peas
Erdbeeren	strawberries
Essig	vinegar
Fisch	fish
Fleisch	meat
Fleischsoße	gravy
Frühstück	breakfast
Garnelen	prawns
Geflügel	poultry
Gemüse	vegetable
Gurke	cucumber
Haferbrei	porridge
Hähnchen	chicken
Hammelfleisch	mutton
Hammelfleischeintopf	irish stew
Honig	honey
Hummer	lobster
Kaffee	coffee
Kalbfleisch	veal
Kartoffel	potatoe
Kartoffelbrei	mashed potatoes
Käse	cheese
Kohl	cabbage
Kuchen	cake
Lachs	salmon
Lamm	lamb
Maiskolben	corn-on-the-cob
Marmelade	jam / marmalade
Meeresfrüchte	seafood
Milch	milk
Mineralwasser	mineral water
Obst	fruit
Öl	oil
Pfannkuchen	pancakes
Pfeffer	pepper
Pfirsiche	peaches
Pilze	mushrooms
Pommes frites	french fries
Reis	rice
Reh / Hirsch	venison
Rühreier	scrambled eggs
Sahne	cream
Salat	salad
Salz	salt
Schinken	ham
Schweinefleisch	pork
Suppe	soup
Tee	tea
Thunfisch	tuna
Tomaten	tomatoes
Truthahn	turkey
verlorene Eier	poached eggs
Vollkorn-Soda-Brot	brown bread
Vorspeisen	hors d'œuvres
Wein	wine
Würstchen	sausages
Zucker	sugar
Zwiebeln	onions

Register

A

Abker, Henry Aaron 40
Achill Island 104 f.
Achill Sound 105
Adams, Gerry 15, 116
Aed Finnliath, König 47
Aillwee Cave 91
Alcock, John 101
Antrim Coast Road 118
Aran Islands 96 ff.
  Inisheer 98
  Inishmaan 97
  Inishmore 96

B

Bale, John 64
Ballina 109 f.
  Dolmen of the Four Moals 109
  Ridge Pool 109
  Rosserk Friary 109 f.
Ballyallaban-Ringfort 91
Ballycastle 119
Ballyferriter 83
Ballyvaughan 91
Barna 100
Barnacle, Nora 34, 95
Beckett, Samuel 22, 34
Behan, Brendan 29
Belfast 14, **120 ff.**
  Albert Memorial Clock-tower 121 f.
  Botanical Garden 123
  Chichester Street 121
  City Hall 121
  Crown Liquor Saloon 123
  Custom House 122
  Entries 122
  Grand Opera House 123
  Linenhall Library 121
  Queen's Bridge 122
  Queen's University of Belfast 123
  Scottish Provident Building 121
  St. Anne's Cathedral 122
  St. George's Church 122
  Ulster Museum 123
Beresford, John 37
Blasket Islands 82
Blennerville 83
Böll, Heinrich 75, 105
Boyne 13, 46, 47
Boyne Valley Culture 43
Bray 45
Brecan, hl. 97
Brendan, hl. 44, 96
Brian Ború, Hochkönig 12, 23, 44, 67, 85
Brooke, Sir Basil 112
Browneshill Dolmen 61
  Kreuze von Castledermot 61
  Moone High Cross 61
Brú Ború 69
Bruce, Edward 12
Bryce, Annan 75

C

Caherconnell 90
Caherdaniel 79
Cahirciveen 79
Cahir 59, **69 ff.**
  Cahir Castle 70
  Swiss Cottage 70
Canice, hl. 61
Carna 101
Carran Church 90
Carrowmore 110
Cashel **69**, 101
Castledermot 61
Céide Fields 106 f.
Ciaron, hl. 96, 98
Clare, Richard FitzGilbert de siehe Strongbow
Cleggan 101
Clifden 101
Cliffs of Moher 88 f.
  O'Brien's Tower 88 f.
Clonmacnoise 98 ff.
Columba (Columcille), hl. 44, 57, 113, 114
Comyn, John 33
Conn Ceadchathach, König 43
Connemara 100 ff.
Connemara National Park 102
Connolly, James 14, 38
Connor Pass 83
Corc, König 69
Corcomroe Abbey 91
Cork 59, **71 ff.**
  Blarney Castle 72 f.
  Cork City Goal 72
  Cork City Museum 72
  Crawford Municipal Art Gallery 71
  English Market 71
  Opera House 71
  Red Abbey Tower 72
  Skiddy's Almshouse 72
  St. Anne's Church 71 f.
  St. Finbar's Cathedral 72
  St. Mary's Church 71
Cormac Mac Airt, König 43
Creevykeel 92, **111**
Croagh Patrick 45
Cromwell, Oliver 13, 20, 31, 59, 60, 63, 64, 67, 70, 71, 80, 93, 96

D

Dalkey 43
Derry siehe Londonderry
Derrynane House 79 f.
Diarmuid 44, 99
Dingle 82 ff.
Dingle Town 82
Dog's Bay 101
Dolmen 61, 80, 90, 92, 109
Domhnall, Hochkönig 49
Donal Mór O'Brien, König 85
Donegal 112 f.
Dowling, Edmund 99

D

Downpatrick Head 107
Dowth 46, **48**
Dublin 12, 14, **18 ff.**, 55, 93
  Abbey Presbyterian Church 39
  Abbey Theatre 37 f.
  Anna Livia Millenium Fountain 38
  Bank of Ireland 21
  Bewley's Café 28
  Book of Kells 23
  Ceol 40
  Christ Church of Holy Trinity Cathedral 32 f.
  City Hall 31 f.
  Custom House 36 f.
  Dawson Street 27
  Deanery House 35
  Dublin Castle 30 f.
  Dublin Corporation Fruit and Vegetable Market 40
  Dublin Doors 24
  Dublinia 32
  Dublin Writers Museum 39
  Dublin Zoo 36
  Four Courts 40 f.
  Freemasons's Hall 27
  Garden of Remembrance 38 f.
  Gate Theatre 38
  General Post Office 14, 20, 38
  Grafton Street 27 f.
  Guinness Brewery 35
  Ha'penny Bridge 30
  Henry Street 38
  Iveagh House 26
  Iveagh Market 35
  King's Inns 40
  Leinster House **25**, 26
  Liberties 35
  Mansion House 27
  Marsh's Library 35
  McDaid's Pub 29
  Merchant's Arch 30
  Merrion Square 23 f.
  Molesworth Street 27
  Molly Malone 22
  Moore Street 38
  Municipal Gallery of Modern Art 39
  National Gallery **25**, 26
  National Museum 26 f.
  National Wax Museum 39 f.
  Natural History Museum 25
  Newman House 26
  O'Connell Bridge **18**, 30, 36
  O'Connell Street 18, **38**
  Old Jameson Distillery 40
  Parnell Square 38
  Phoenix Park 36
  Powerscourt Town House Centre 29
  Rotunda Hospital 38
  Royal College of Surgeons in Ireland 26
  Royal Irish Academy 27
  Shelbourne Hotel 26
  St. Mary's Pro-Cathedral 38
  St. Michan's Church 40
  St. Patrick's Cathedral 33 ff.
  St. Stephen's Green 25 f.
  Temple Bar 30

139

Register

Trinity College 22 f.
Unitarierkirche 26
Universitätskirche 26
Dún an Oir 83
Dún Laoghaire 43, **54**
Forty Foot 54
Joyce's Tower 54
Mariner's Church 54
Dunguaire Castle 92
Dunluce Castle 117 f.
Dunquin 82

E

Elisabeth I., Königin 13, 22, 68, 73, 96
Ende, hl. 96
Erc, hl. 46
Errislannan 101

F

Fachtnan, hl. 90
Fair Head 119
Finbar, hl. 71
Finian der Aussätzige, hl. 77 f.
Fitzgerald, Maurice 110
Flann Sinna, König 99
Flemmyng, Sir Christopher 46
Furbo 100

G

Gallarus Oratorium 83
Galway 93 ff.
Browne's Doorway 93
Claddagh 95
Greyhound Racetrack 95
John F. Kennedy Memorial Park 93
Lynch Memorial Window 94
Lynch's Castle 94
Nora Barnacle House 95
Salthill 95 f.
Spanish Arch 95
Stadtmuseum 95
St. Nicholas Cathedral 95
St. Nicholas Church 94
Gandon, James 21, 40, 41, 117
Gap of Dunloe 79
Gardiner, Luke 38
Garinish Island 75 ff.
Giant's Causeway 118
Glenariff 119
Glenarm 119
Glengarriff 75
Glencolumbkille 113
Glendalough 43, **54 ff.**
Kathedrale 56
Poulanass Waterfall 57
Reefert Church 57
Rundturm 56
St. Kevin's Bed 57
St. Kevin's Cell 57
St. Kevin's Church 57
St. Kevin's Cross 57
St. Mary's Church 56
Teampull na Skellig 57
The Caher 57
The Priest's House 57
Torbogen 56
Glen of Aherlow 70

Gleminsheen-Galeriegrab 90
Gogarty, Oliver St. John 54
Gorteen Bay 101
Gortmore 101
Gougane Barra 73
Grainne 44
Grattan, Henry 13
Griffin, Arthur 14
Guinness, Sir Arthur Edward 26, 35
Guinness, Sir Benjamin 33

H

Heaney, Seamus 34
Heinrich II., König 12, 52, 59, 62
Heinrich VIII., König 12, 20, 32
Hill of Tara 43 ff.
Adamnáns Cross 44 f.
Banquet Hall 44
Fort of Kings 44
Fort of the Synods 44
Grainne's Fort 44
Laoghaire's Fort 44
Statue of St. Patrick 44
St. Patrick's Church 43
Hochkreuze 8, 49, **50**, 57, 61, 67, 90, 97, 99, 111
Hore Abbey 59
Howth 43
Hyde, Douglas 14

I

Inch Beach 82
Inishbofin 102
Inisheer 98
Inishmaan 96
Inishmore 96
Innisfallen 77 f.

J

Jakob I., König 116,
Jakob II., König 13, 22, 60, 64, 85, 102, 114, 120
James I., König 114
Jerpoint Abbey 59, **65 f.**
Johann, König 33, 60, 85
Johannes Paul II., Papst 100
Johnson, Esther 34
Joyce, James 26, **34**, 35, 48, 54, 95

K

Karl I., König 63
Keating, Sean 86
Keel 105
Kells 57
Kelten 8, 90, 118
Kenmare 80
Kevin, hl. 55, 57
Kilfenora 90
Kilkenny 12, 59, **61 ff.**
Bank of Ireland 63
Black Abbey 64
Black Freren Gate 64
Greyfriars Church 64
Kilkenny Castle 62

Kyteler's Inn 63
Rothe House 63
Shee's Almshouse 63
Smithwick's Brewery 64
St. Canice's Cathedral 64
The Tholsel 63
Killala 107 ff.
Kathedrale 108
Moyne Abbey 108
Rathfran Abbey 108
Killarney und Killarney National Park 77 ff.
Killorglin 79
Kilmalkedar 83
Kilronan 96
Kinvarra 92
Knowth 46, **48**
Kolumbus, Christoph 94
Kylemore Abbey 102 f.

L

Ladie's View 79
Lane, Sir Hugh 39
Lanyon, Sir Charles 122, 123
Laoghaire, König 43, 45
Larne 120
Leamaneh Castle 90
Leans, David 83, 89
Limerick 84 ff.
Bishop's Palace 85
City Art Gallery 86
Custom House 85 f.
Hunt Museum 86
King John's Castle 85
People's Park 86
Townhall 86
Stadtmuseum 86
St. John's Cathedral 86
St. John's Square 86
St. Mary's Cathedral 85
The Granary 86
Treaty Stone 85
Liscannor 88
Lisdoonvarna 90
Londonderry 15, **114 ff.**
Bishop's Gate 117
Foyle Valley Railway Centre 117
Guildhall 116
Shipquay Gate 116
Stadtmauer 116 f.
St. Columb's Cathedral 117
The Diamond 117
Tower Museum 116
Londres, Henry de 33
Lynch FitzStephen, James 94

M

MacCarthy, Cormac 68, 73
MacCarthy Mór, Donal 78
MacCarwill, David 69
MacGrath, Miler 68
MacMurrough, Dermot 12
Máel Sechnaill II., König 19
Malahide Castle 52 ff.
Marshall, William 62
McCool, Finn 118
McDyer, James 113
Megalithgräber 12, 92, 105, 110
Mellifont Abbey 48, 66

Register

Mitchell, Henry 102, 103
Monasterboice 49
  Muiredach's Cross 49 ff.
  Nordkirche 52
  Nordkreuz 52
  Rundturm 52
  Sonnenuhr 52
  Südkirche 52
  Westkreuz 52
Moone High Cross 61
Moore, Henry 26
Mount Brandon 83
Muckross Abbey 78
Muckross House 78
Murtagh O'Brien, König 67

N

Newgrange 46 ff., 92
Normannen 9, 19, 59, 60, 62, 71, 80, 85, 93, 110, 120

O

O'Casey, Sean 37
O'Conaire, Pádraig 93
O'Connell, Daniel 3, 25, 44, 79
O'Crohan, Thomas 82
O'Donnell, Hugh Roe 112
O'Donnell, Red Hugh 13, 112
O'Donoghue 77
O'Dullany, Felix 66
O'Neill, Hugh 13
O'Toole, Lawrence 32, 33, 57
O'Tunney, Rory 64, 66

P

Paisley, Ian 116
Parknasilla 80
Parnell, Charles Stewart 13
Patrick, hl. 12, 33, 35, 43, **45**, 66, 67, 69, 73, 104
Pearse, Sir Edward Lovett 21
Pearse, Padraig 14, 20, 38
Pery, Edmond S. 87
Petty, Sir William 80

Polawack-Steinhügelgrab 90
Poulnabrone Dolmen 90, 92

R

Raspe, Rudolph Erich 78 f.
Rathlin Island 119
Richard II., König 93
Ringforts 80, 90, 91, 97
Ring of Kerry 79 ff.
Rock of Cashel 66 ff.
  Brú Ború 69
  Cashel 69
  Cormac's Chapel 57, **68**, 83
  Hore Abbey 69
  Kathedrale 67
  Museum 67
  Rundturm 68
  St. Patrick's Cross 67
Ros Muc 101
Ross Castle 77
Rosslare 59
Roundstone 101
Rundtürme 52, 56, 64, **69**, 111

S

Sarsfield, Patrick 85
Seidenbart, Sitric 32
Shaw, George Bernard 34, 37
Silken, Thomas 31
Skellig Michael 79
Slane 45 f.
  Hill of Slane 45 f.
  Kloster 46
  Slane Castle 45
Slea Head 82
Sligo 110 f.
Smyth, Edward 38, 41
Sneem 80
Soarney, hl. 96
Spiddle 100
Staigue Fort 80
Steinkreise 80, 92, 110
Stoker, Bram 22
Strongbow 12, 31, 32, 33, 60, 62
Swift, Jonathan 22, 34, 35

Synge John Millington 37, 79, 96, 98

T

Thackeray, William 103, 119
Tipperary 59, 70
Tone, Theobald Wolfe 13, 26
Torc Waterfall 79
Tralee 83 f.
Turlough O'Carolan 34 f.

V

Valencia Island 79
Valera, Eamon de 14
Ventry 82
Vermeer, Jan 25
Victoria, Königin 120, 121

W

Waterford 59, **60**, 93
  Christ Church Cathedral 60
  French Church 60
  Reginald's Tower 60
  The Mall 60
Waterville 79
Westport 103 f.
  Croagh Patrick 104
  Murrisk 104
  The Mall 103
  Westport House 103
Wexford 59
Whitten-Brown, Arthur 101
Wikinger 8, 12, 19, 47, 49, 59, 60, 67, 73, 85, 98, 118
Wilde, Oscar 22, 24
Wilhelm II., König 60
Wilhelm III. von Oranien 13, 85, 102, 114

Y

Yeats, Jack Butler 25, 86, 111
Yeats, William Butler 25, 34, 37, 110, 111

Bildnachweis

AKG, Berlin: 24, 26 – *Herbert Becker, München:* 12 (oben), 40, 45, 63, 62 (oben), 105 – *Dieter Blase, Metelen:* 39, 65 (2), 107 (2), 127 – *Emanuel Gronau, Weilheim/Oberbayern:* 6, 6/7, 7 (oben), 8 (links unten), 10 (links oben), 11 (2), 30/31, 32, 35, 42 (unten), 49, 63, 76, 86, 88, 91 (oben), 97 (unten), 99, 104, 108 (2), 109 (unten), 116, 117 (unten), 124 (links: zweites von oben; rechts: oben, drittes von oben und unten), 130 – *IFA-Bilderteam, München:* 16/17 (E. Nägele), Umschlagrückseite Restaurants (Glück) – *Ladislav Janicek, München:* Umschlagrückseite Straßen – *Look, München:* 10 (unten, Karl Johaentges) – *David Lyons, Cumbria/England:* 42 (oben), 44, 46, 47 (2), 74 (Mitte), 77 (unten), 78 (oben), 83, 84 (oben), 93, 128 – *Mauritius Bildagentur, Mittenwald:* 72 – *Harald Reiterer, München:* 4, 8/9, 23, 42 (Mitte), 55, 89, 101 (oben) – *Werner Richner, Saarlouis:* 9 (oben), 86, 92, 111 – *Shelbourne Hotel, Dublin:* Umschlagrückseite Hotels – *Silvestris Fotoservice, Kastl:* 87 (Rudolf Bauer) – *Hubert Stadler, Buchenau:* 41, 91 (unten), 97 (oben), Umschlagrückseite – *Süddeutscher Verlag Bilderdienst, München:* 13,14 – *Klaus Thiele, Warburg:* 8 (oben), 22, 25 (2), 27, 28, 29, 31 (unten), 33, 36, 37, 51, 53 (2), 62 (unten), 64, 67, 72, 76 (unten), 84, 94, 95 (2), 103, 109 (oben), 112, 113, 115 (2), 119 (oben), 119, 120, 121, 123, 124 (links: unten), 133 (unten), 134 – *Ullstein Bild, Berlin:* 15 – *Ernst Wrba, Sulzbach/Taunus:* 56, 58 (2), 66, 68, 70, 74 (oben und unten), 77 (oben), 78 (unten), 80/81, 82, 84 (unten), 85, 100/101, 124 (links: oben und drittes von oben; rechts: zweites von oben), 132, 133 (oben)

Reisen mit Lust und Laune.

Jedes Magazin ist randvoll mit faszinierenden Fotos und packenden Reisereportagen. Dazu gibt es Hunderte von top-aktuellen Adressen, Geheimtipps und Hinweisen, wie man mehr aus seinem Urlaub macht.

Überall im Handel und beim ADAC.

Alle zwei Monate neu.

In der ADAC-Reiseführer-Reihe sind erschienen:

Ägypten
Algarve
Amsterdam
Andalusien
Australien
Bali und Lombok
Barcelona
Berlin
Bodensee
Brandenburg
Brasilien
Bretagne
Budapest
Burgund
Costa Brava und
  Costa Daurada
Côte d'Azur
Dänemark
Dalmatien
Dominikanische
  Republik
Dresden
Elsass
Emilia Romagna
Florenz
Florida
Französische
  Atlantikküste
Fuerteventura
Gardasee
Golf von Neapel
Gran Canaria
Hamburg
Hongkong
  und Macau
Ibiza und
  Formentera
Irland
Israel
Istrien und
  Kvarner Golf
Italienische Adria
Italienische Riviera
Jamaika
Kalifornien
Kanada – Der Osten
Kanada – Der Westen
Karibik
Kenia
Kreta
Kuba
Kykladen
Lanzarote
London
Madeira
Mallorca
Malta
Marokko
Mauritius
Mecklenburg-
  Vorpommern
Mexiko
München
Neuengland
Neuseeland
New York
Norwegen
Oberbayern
Paris
Peloponnes
Portugal
Prag
Provence
Rhodos
Rom
Salzburg
Sardinien
Schleswig-Holstein
Schottland
Sizilien
St. Petersburg
Südafrika
Südengland
Südtirol
Teneriffa
Tessin
Thailand
Toskana
Türkei-Südküste
Türkei-Westküste
Tunesien
Umbrien
Ungarn
USA-Südstaaten
USA-Südwest
Venedig
Venetien
  und Friaul
Wien
Zypern

Weitere Titel in Vorbereitung

Impressum

Umschlag-Vorderseite: Ein stimmungsvoller Ausblick – Puffin Island und die Felsnadeln von Skellig Rock vor dem berühmten Ring of Kerry
Foto: LOOK, München (Karl Johaentges)

Titelseite: Einen imposanten Anblick bietet der Rock of Cashel – einst Krönungsstätte irischer Könige
Foto: Emanuel Gronau, Weilheim/Obb.

Abbildungen: siehe Bildnachweis S.141

Lektorat: Astrid Rohmfeld
Aktualisierung: Karin Dietl
Gestaltungskonzept, Satz und Layout: Norbert Dinkel, München
Karten: Computerkartographie Carrle, München
Reproduktion: eurocrom 4, Villorba/Italien
Druck, Bindung: Bosch-Druck, Landshut

Printed in Germany

ISBN 3-87003-696-6

Gedruckt auf chlorfrei gebleichtem Papier

3., neu bearbeitete Auflage 2001
© ADAC Verlag GmbH, München

Redaktion ADAC-Reiseführer:
ADAC Verlag GmbH, 81365 München

Das Werk einschließlich aller seiner Teile ist urheberrechtlich geschützt. Jede Verwendung ohne Zustimmung des Verlags ist unzulässig und strafbar. Das gilt insbesondere für Vervielfältigungen, Übersetzungen, Mikroverfilmungen und die Verarbeitung in elektronischen Systemen.
Die Daten und Fakten für dieses Werk wurden mit äußerster Sorgfalt recherchiert und geprüft. Da vor allem touristische Informationen häufig Veränderungen unterworfen sind, kann für die Richtigkeit der Angaben leider keine Gewähr übernommen werden. Die Redaktion ist für Hinweise und Verbesserungsvorschläge dankbar.